과학이 해결해주지 않아

이상한 지구 여행 ⑤ 과학기술

과학이 해결해주지 않아

초판 1쇄 발행 | 2016년 2월 26일
초판 8쇄 발행 | 2021년 9월 5일

지은이 | 장성익
그린이 | 송하완
펴낸이 | 나힘찬

책임편집 | 김영주
책임디자인 | 고문화
사진제공 | 질병관리본부 장기이식센터
인쇄총괄 | 야진북스
유통총괄 | 북패스

펴낸곳 | 풀빛미디어
등록 | 1998년 1월 12일 제2021-000055호
주소 | 경기도 고양시 일산동구 정발산로 166번길 21-9
전화 | 031-903-0210
팩스 | 02-6455-2026

이메일 | sightman@naver.com
인스타그램 | @pulbitmedia_books
블로그 | blog.naver.com/pulbitme
페이스북 | www.facebook.com/pulbitmedia

ⓒ 장성익, 2016

ISBN 978-89-6734-083-4 74300
ISBN 978-89-88135-95-2 (세트)

저작권법에 따라 보호받는 저작물이므로 무단 전재와 복제를 금합니다.
책값은 뒤표지에 있습니다.
파본은 구매하신 서점에서 바꾸어 드립니다.

─────── 어린이제품 안전특별법에 의한 기타표시사항 ───────
제품명 도서 | **제조자명** 풀빛미디어 | **제조년월** 2021년 9월 | **사용연령** 8세 이상 | **제조국명** 한국
주소 (10411) 경기도 고양시 일산동구 정발산로 166번길 21-9 | **전화번호** 031-903-0210

— 책을 내면서 —

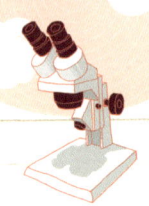

　오늘날 우리가 살아가는 세상은 과학기술 사회라고 불립니다. 현대 문명을 과학기술 문명이라 일컫기도 하지요. 최근 인류 역사가 걸어온 길이 과학기술 발전과 어깨를 나란히 해 왔고 과학기술 진보의 열매가 현대 문명이기 때문입니다.
　그래서 우리는 과학기술 없이는 한순간도 살 수 없습니다. 과학기술은 우리에게 공기나 물과 같다고 해도 지나친 말이 아니지요. 예를 들어, 컴퓨터와 스마트폰을 사용하고 텔레비전을 보고 버스나 지하철을 타는 것 등은 모두 과학기술 덕분에 할 수 있는 일입니다. 먹고 입고 자는 것과 같이 생존에 가장 기본이 되는 활동도 다르지 않습니다. 여기에 필요한 요리 도구, 옷, 집도 모두 과학기술의 산물이니까요. 사실, 자연을 빼면 우리를 둘러싸고 있는 거의 모든 것, 다시 말하면 사람이 만들어 낸 거의 모든 것은 과학기술 발전의 산물이라고 해도 지나친 말이 아닙니다.

　우리는 과학기술과 함께 태어나 살다가 죽습니다. 과학기술 또한 우리와 함께 새로 개발되고 발전하고 변화하고 사라져 갑니다. 사회 또한 마찬가지입니다. 과학기술과 사회, 그리고 우리 인간은 이렇게 서로 맞물려 함께 만들어지고 함께 변화를 겪습니다. 그러면서 다양한 내용과 방식으로 서로 영향을 주고받지요.

　이런 과학기술의 힘과 영향력이 갈수록 커지고 있는 게 오늘의 현실입니다. 그 결과 과학기술은 우리가 살아가는 방식과 모습은 물론 세상의 구조와 사회를 움직이는 원리 또한 크게 바꾸어 놓고 있습니다. 현대 사회와 현대인의 삶을 제대로 아는 데 과학기술에 대한 이해가 필수적으로 요청되는 까닭입니다.

　사실, 과학기술이 이전에는 상상하기도 어려웠던 물질의 풍요와 안락, 생활의 편리와 효율, 지식과 정보의 증대 등을 비롯해 다양한 이득과 혜택을 우리에게 안겨 주었다는 건 두말할 나위도 없습니다. 우리 인류는 과학기술을 발전시키면서 문명을 일구었고, 이 지상에서 번창해 왔지요. 하지만 빛이 밝을수록 그늘 또한 짙은 법입니다. 오늘날 현대 과학기술은 엄청난 규모와 위력으로 새로운 위험과 위기, 그리고 혼란과 파괴를 일으키고 있기도 합니다. 과학기술의 힘을 지렛대 삼아 무차별로 진행된 산업화와 경제성장이 지나친 자원 개발과 환경 파괴, 그리고 에너지 낭비를 낳은 게 대표적이지요. 특히 21세기를 이끄는 여러 첨단 과학기술은 생명 질서와 자연의 섭리, 삶과 죽음의 의미, 인간의 개념 등을 뿌리째 뒤흔들고 있습니다.

　과학기술의 경이로운 발전은 지금 이 순간에도 급속히 이루어지고 있습니다. 오로지 직진으로만 거칠게 내달리는 폭주 기관차를 떠올리게 할 정도지요. 현대 과학기술의 본질과 실체를 정확하게 이해하는 게 중요한 이유가 여기에 있습니다. 현대 과학기술이 그려 보이는 놀랍고도 신기한 '장밋빛 미래'에 덮어 놓고 열광과 환호를 보내는 게 썩 현명한 일이 아닌 이유 또한 여기에 있습니다.

　과학기술에 대한 일방적인 긍정이나 섣부른 부정은 둘 다 바람직하지 않습니다. 현대 과학기술이 지닌 '두 얼굴'을 동시에 볼 줄 아는 '균형 잡힌 시각'을 갖추는 게 중요하지요. 그래서 무엇보다 필요한 것은 과학기술에 대한 비판적이고 성찰적인 문제의식입니다. 달리 말하면 '열린 눈'으로 과학기술의 안과 밖을 두루 살펴볼 줄 알아야 합니다. 과학기술 자체만을 좁게 들여다보기보다는 과학기술이 인간, 자연, 사회와 어떤 관계를 맺고 있는지를 폭넓게 알아야 합니다. 이 책을 쓴 이유와 이 책에서 전하고자 하는 얘기의 핵심이 바로 이것입니다.

아마도 이 책이 현대 과학기술을 대표하는 분야들에 대한 세부적인 '지식'을 얻는 데에도 어느 정도는 도움이 될 것입니다. 하지만 그것을 넘어, 이 책을 통해 과학기술이 품고 있는 다양한 맥락과 흐름을 종합적이고 체계적으로 이해할 수 있기를 바랍니다. 자잘한 지식을 쌓는 것보다는 과학기술에 대해 어떤 관점과 안목을 갖추느냐가 더 중요하다는 얘기지요. 이것은 지금 우리가 살아가는 현대 사회와 현대 문명을 새롭게 들여다보는 또 하나의 창(窓)이기도 합니다. 아무쪼록 이 책이 과학기술을 더욱 깊이 이해하는 것은 물론, 이를 바탕으로 이 세상과 우리 삶에 대한 공부를 한층 높은 수준으로 끌어올리는 데 도움이 될 수 있기를 기대합니다.

장성익

— 차례 —

책을 내면서 4

1장 ★ 과학기술의 특성 11
현대 과학기술의 특성은 뭘까?

2장 ★ 생명공학  37
생명공학은 '만병통치약'일까?

3장 ★ 의료기술  81
의료기술 발전을 어떻게 봐야 할까?

4장 ★ 정보통신기술 119
정보통신 기술은 세상을 어떻게 바꿀까?

5장 ★ 나노기술　　　　　　　　　　　　　153
　　　　나노기술은 '꿈의 기술'일까?

6장 ★ 무기와 우주개발　　　　　　　　　169
　　　　전쟁과 평화, 과학기술의 관계는?

7장 ★ 과학기술의 미래　　　　　　　　　195
　　　　'좋은' 과학기술을 꽃피우려면?

　　　도움받은 책들　　　　　　　　　　　218

1장

과학기술의 특성

현대 과학기술의 특성은 뭘까?

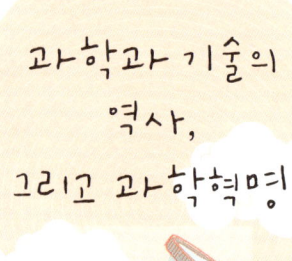

과학과 기술의 역사, 그리고 과학혁명

우리는 흔히 과학기술 사회, 과학기술 시대, 과학기술 문명과 같은 말들을 자연스럽게 씁니다. 과학과 기술을 한데 뭉뚱그린 '과학기술'이라는 용어에 워낙 친숙해진 결과지요. 그런데 엄밀히 말하면 과학과 기술은 서로 다릅니다.

과학과 기술은 뭘까요? 그리고 이 둘은 어떻게 다를까요?

일반적으로 과학은 자연법칙이나 사물의 원리를 체계적으로 연구하고 밝히는 것을 말합니다. 즉, 자연이나 사물에서 일어나는 현상을 관찰하고, 이것을 합리적으로 설명하거나 여기에서 특정한 규칙을 찾아내는 게 과학이라는 얘기지요. 뉴턴의 만유인력 법칙, 아인슈타인의 상대성 이론 같은 것이 대표적입니다. 이에 견주어 기술은 이런 과학의 성과를 이용하여 쓸모가 있는 뭔가를 만드는 것을 가리킵니다. 즉, 기술은 과학을 바탕으로 하여 발전하는 것이자, 사람들의 실제 생활에 직접 영향을 미치는 유용한 결과를 제공해 주는 것이라고 할 수 있습니다.

그럼, 이 둘 가운데 어느 것이 먼저 시작됐을까요? 인류가 먼저 이용하기 시작한 것은 기술입니다. 흔히 오래전 원시적인 수렵·채집 생활을 하던 인류가 불을 피우고 다루는 기술을 익히면서 비로소 문명의 길로 들어섰다는 얘기들을 많이 하지요.

인간은 처음에는 불을 날것을 익혀 먹고 추위나 사나운 짐승을 쫓는 데 사용했습니다. 그러다 점차 그릇을 굽거나 금속으로 뭔가를 만들 때 등에도 사용하게 되었습니다. 그러면서 인간은 생활에 필요한 갖가지 도구와 연장을 더욱 다양하게 만들 수 있게 되었지요. 옷 만드는 기술, 음식을 만들고 저장하는 기술, 집 짓는 기술, 농사짓는 기술 등이 그런 보기들입니다. 이런 기술의 역사는 곧 인류가 문명을 일구어 가는 역사이기도 했습니다.

하지만 기술이 이렇게 발전했음에도 자연에 대한 인류의 이해 수준은 오랫동안 별로 변하지 않았습니다. 예를 들어 사람들은 지진, 태풍, 가뭄, 화산 폭발 같은 재난이 닥치면 신이 분노해서 벌을 내린 것이라고 여겼습니다. 계절이 바뀌는 것도, 해와 달이 뜨고 지는 것도, 천둥 번개가 치는 것도 모두 신의 뜻으로 받아들였지요. 병을 치료하는 데 주술을 이용하기도 했고, 바다의 신에게 제물을 바치기도 했고요.

이런 시절이 오랫동안 이어지다 드디어 과학이 처음으로 탄생한 시점을 학자들은 대체로 기원전 6세기쯤으로 봅니다. 고대 그리스 시대였지요. 신들이 자연을 다스리고 조종한다고 믿는 이른바 신화적 자연관에서 벗어나 자연이 스스로 법칙에 따라 움직인다고 여기는 사람들이 등장한 게 이 무렵입니다. 하지만 당시만 해도 이런 생각은 널리 퍼지지 못했고 한계 또한 뚜렷했습니다. 여전히 자연과 세상일을 쥐락펴락하는 건 신들이었으니까요.

그렇다면 과학이 본격적인 도약과 발전을 이루게 된 때는 언제일까요? 그것은 세월이 한참 흐른 뒤인 17세기입니다. 이때를 일컬어 '과학혁명의 시대'라 부르지요. 이제야 드디어 관찰과 실험을 바탕으로 자연법칙과 과학 이론을 체계적으로 세워 나가기 시작하게 된 겁니다. 이로써 자연에 대한 인식은 물론 인간과 자연의 관계에서도 그야말로 혁명적이라 할 만한 근본적인 변화가 일어났습니다.

그런데 17세기 과학혁명 시기에 확립된 자연에 대한 새로운 이해는 흔히 '기계적 자연관'이라 불립니다. 기계가 미리 정해진 프로그

램에 따라 움직이는 것처럼 자연도 법칙에 따라 움직인다고 보는 관점이지요. 이는 곧 자연을 일종의 기계처럼 바라보게 됐다는 뜻이기도 합니다. 그 결과 이제 자연은 인간이 발견한 법칙에 따라 설명할 수 있는 존재가 되었습니다. 나아가 인간이 얼마든지 이용할 수 있는 대상 또는 인간의 욕구와 필요를 채워 주는 '자원 저장 창고' 같은 것으로 여겨지게 되었습니다. 그 이전까지는 자연을 신비롭고 경이로우면서도 두렵고 무서운 존재로 받아들였습니다. 복종하고 경배해야 할 대상이었지요. 이에 견주면 과학혁명이 일으킨 '인식의 전환'은 실로 엄청난 변화였습니다.

이런 과학혁명을 우리는 어떻게 평가해야 할까요? 일반적으로 과학혁명은 인류의 위대한 성취로 여겨집니다. 근대 과학과 기술을 더욱 발전시키고, 경제적 생산력을 획기적으로 늘리며, 자유와 민주주의를 확산시킴으로써 사회정치적 진보를 이루는 데 주춧돌 구실을 했다고 보는 거지요. 이는 과학혁명이 인류의 위대한 지적 발전에 결정적인 계기를 제공했다고 보는 견해와도 서로 맞물려 있습니다.

그럼, 과학혁명이 긍정적인 영향만 끼쳤을까요? 그건 아닙니다. 부정적인 영향도 만만치 않습니다. 무엇보다 과학혁명은 자연과 인간이 서로 연결돼 있다는 세계관을 버리고 자연을 기계적인 것으로 여기게 했습니다. 인간이 자연의 '비밀'을 낱낱이 손에 넣음으로써 자연을 지배와 정복과 이용과 변형의 대상으로 삼게 되었다는 거지요. 오랫동안 인간이 함부로 건드릴 수도 없고 건드려서도 안 되는 것으로 여겨지던 자연이 이제 인간의 조작과 통제와 착취 아래 놓이게 된 겁니다.

그렇습니다. 근대 과학은 인간의 자연 이해를 놀랍도록 크게 넓힘으로써 인류에게 커다란 발전과 혜택을 안겨 주었습니다. 하지만 동시에 자연에 대한 존경심이나 자연과 조화를 추구하는 마음가짐을 빼앗아 감으로써 이후 수많은 문제를 일으키는 계기가 되기도 했습니다.

현대 과학기술은 어떻게 바뀌어 왔을까?

중요한 것은 과학혁명을 거치면서 과학과 기술의 결합이 아주 빠르게 이루어졌다는 점입니다. 방금 말했듯이, 본래 기술은 과학이 발견한 원리, 법칙, 지식 등을 활용하거나 적용하는 것에 가까운 것이었습니다. 그런데 과학혁명으로 근대 과학이 성립한 뒤 과학은 기술적 도구를 사용하여 연구 활동을 벌이게 되었습니다. 기술은 이런 과학의 도움을 받아 새로운 기술적 혁신을 이루게 되었고요. 이런 과정을 거치면서 과학과 기술이 본격적으로 합쳐지기 시작한 거지요.

그 뒤 산업혁명으로 물질적 생산력이 눈부시게 늘어나고, 특히

20세기에 접어들어 두 차례에 걸친 세계대전을 겪으며 국가가 과학과 기술 발전에 적극적으로 개입하면서 과학과 기술이 하나로 합쳐지는 흐름은 한층 강력해졌습니다. 시나브로 과학과 기술을 각각 따로 얘기하기보다 아예 '과학기술'이라고 붙여서 얘기하는 것이 점차 자연스러워진 건 그 당연한 결과지요.

이렇게 해서 전면적으로 등장하게 된 것이 현대 과학기술 문명입니다. 오늘날 우리는 과학기술 없는 세상이나 일상생활을 상상조차 할 수 없습니다. 우리 주변의 거의 모든 것, 우리가 살아가는 데 필요한 거의 모든 것이 과학기술의 산물이지요. 그런 만큼 과학기술의 영향력 또한 급속도로 커졌습니다. 그 영향력이 미치는 범위가 공간적으로는 지구 전체에, 시간상으로는 아득한 미래세대에까지 이르게 되었지요. 문제는 이 과정에서 긍정적인 측면과 아울러 부정적인 측면도 두드러지게 나타났다는 점입니다. 빛이 밝을수록 그늘도 짙어지는 법이니까요. 그래서 우리는 현대 과학기술을 최대한 균형 잡힌 시각으로 살펴볼 필요가 있습니다.

자 그럼, 현대 과학기술이 이처럼 세상의 '주인공'으로 떠오르는 과정에서 어떤 변화를 겪었고 그 결과 어떤 특성을 띠게 됐는지부터 알아볼까요? 이에 대해 전문가들은 대체로 다음과 같은 몇 가지 측면을 주목합니다.

첫째, 과학기술이 전문화되고 세분되었습니다. 현대에 들어 과학기술은 수많은 분야로 나뉘었습니다. 그 결과 과학기술과 관련한 여러 문제를 전체적이고 통합적으로 바라볼 수 있는 안목이 낮아졌습니다. 그 가운데서도 특히 과학기술이 인간, 사회, 자연과 맺는 관계를 제대로 인식하지 못하게 됐지요.

둘째, 과학기술이 급속히 거대해졌습니다. 현대에 들어 국가나 기업 등을 중심으로 자금과 인력을 비롯해 엄청난 자원을 투입해 진행하는 거대 규모의 과학기술 프로젝트가 아주 많아졌습니다. 제2차 세계대전 당시 미국에서 이루어진 원자폭탄 개발은 국가의 총동원 정책에 따라 무려 12만~13만 명이나 되는 어마어마한 수의 사람이 참여하기도 했지요.

셋째, 과학기술의 '주체'가 바뀌었습니다. 19세기까지만 해도 과학 활동은 대체로 대학을 중심으로, 기술 활동은 대개 산업 현장에서 이루어졌습니다. 하지만 20세기 들어서는 과학과 기술이 결합하면서 국가(정부)와 자본(기업)이 과학기술의 핵심 주체로 확고하게 자리 잡게 되었습니다. 그리고 이 과정은 과학기술이 거대화하는 흐름과 밀접하게 맞물려 있었습니다. 이 둘을 빼고는 막대한 돈과 수많은 사람을 동원하거나 활용할 수 있는 곳을 찾기 어려우니까요. 그래서 오늘날 대부분 과학기술은 기업이나 정부와 깊은 관계를 맺고 있습니다. 상당수는 종속돼 있다고 할 수 있지요.

넷째, 과학기술의 양면성 또는 이중성이 크게 짙어졌습니다. 즉, 긍정적 측면과 부정적 측면을 동시에 거느린 과학기술의 '두 얼굴'이 갈수록 극명하게 드러나고 있다는 얘기지요. 긍정적인 측면으로는 물질의 풍요와 생활의 편리를, 부정적인 측면으로는 환경 파괴와 각종 '위험'의 증대를 각각 대표적인 보기로 꼽을 수 있습니다.

눈여겨볼 것은, 특히 21세기에 접어들면서 이전과는 다른 새롭고도 중대한 변화 조짐이 나타나고 있다는 점입니다. 그리고 이것은 고스란히 우리 삶과 세상을 빠르게 바꾸고 있습니다. 오늘도 쉼 없이 계속되고 있는 과학기술 발전을 주의 깊게 살펴보고 거기에 담긴 의미를 잘 새겨야 할 까닭입니다.

현대 과학기술이 일으키는 문제들

근대 과학에서는 자연을 주어진 것으로 이해했습니다. 그래서 자연에서 사람이 활용할 수 있는 영역을 넓히고 자연으로부터 더 많은 이득을 얻어 내는 게 목표였지요. 그러던 것이 21세기 들면서는 이전과는 아주 다른 새로운 현상이 두드러지게 나타나고 있습니다. 그게 뭘까요?

과학기술이 자연을 근본적으로 뒤바꾸고 조작하고 재구성할 뿐만 아니라 심지어는 자연이나 생명을 새롭게 창조하는 쪽으로 나아가고 있다는 점이 그것입니다. 자연에 대한 인간 지배가 극단으로 치달으면서 '신의 영역'이라 할 만한 일에까지 인간이 서슴없이 개입하고 있는 형국이지요. 뒤에서 살펴볼 생명공학 기술, 나노기술, 정보통신 기술, 뇌 과학 같은 첨단 과학기술 분야는 이런 흐름의 구체적인 양상을 잘 보여 줍니다. 요즘 들어 과학기술에서 인간과 자연, 인간과 동물, 동물과 식물, 인간과 기계 사이에 경계가 흐릿해지거나 허물어지고, 나아가 이것들이 서로 뒤섞이고 합쳐지는 움직임이 도드라지는 것도 이런 맥락에서입니다. 까마득한 옛날부터 굳건히 이어져 온 자연 섭리와 생명 질서의 울타리가 허물어지고 있는 셈이랄까요?

과학기술은 또한 불평등 문제와도 깊은 관계를 맺고 있습니다. 가장 대표적인 보기로, 서구 강대국들은 경제력과 군사력이 밑받침된 막강한 과학기술의 힘을 앞세워 오랫동안 전 세계 자원을 싹쓸이하다시피 해 왔습니다. 세계 여러 지역을 무력으로 침략해 식민지로 삼거나 자기 영향력 아래 두고서 그곳에서 나는 온갖 자원과 생산물을 빼앗아 갔지요. 오늘날 이른바 선진국이라고 불리는 대부분 나라가 이룩한 발전과 풍요의 중요한 원천 가운데 하나가 여기에 있습니다.

이에 견주어 아직도 수많은 나라에서는 가난과 굶주림, 질병으로 고통받는 사람이 차고 넘칩니다. 과거 강대국이 약한 나라를 힘으로 집어삼키던 제국주의 시절부터 깊이 뿌리내리기 시작한 세계 차

원의 불평등 구조가 지금도 여전히 이어지고 있는 거지요. 비록 그 형태나 방식은 달라졌더라도 말입니다. 게다가 이 책을 읽다 보면 알게 되겠지만, 오늘날 첨단 과학기술은 더욱더 심각하고도 색다른 불평등을 낳고 있기도 합니다.

그럼, 과학기술은 왜 이런 문제를 일으키게 됐을까요? 가장 큰 이유는 과학기술의 급속한 상업화입니다. 그러니까, 과학기술이 사람의 행복과 자유를 높이는 도구가 아니라 거꾸로 돈과 권력을 살찌우는 수단으로 전락했다는 얘기지요.

이게 올바른 일일까요? 자, 여러분도 한번 생각해 보세요. 과학 기술의 발전은 어떻게 이루어지나요? 곰곰이 생각해 보면, 무릇 인류가 쌓아온 모든 과학기술은 근본적으로 오랜 세월에 걸쳐 수많은 사람의 지혜와 지식과 경험과 수고가 녹아들어 있는 사회적이고도 역사적인 산물입니다. 어떤 과학기술도 어느 날 갑자기 하늘에서 뚝 떨어지는 경우는 없으니까요. 그것이 아무리 창조적이고 새로운 것처럼 보인다 할지라도 말입니다.

그러므로 모든 과학기술은 본질에서 공적인 성격을 띠고 있다고 할 수 있습니다. 그런데도 오늘날 과학기술은 대부분 사적인 소유물일 뿐 사회적으로 공유되지 않습니다. 과학기술을 손아귀에 쥔 기업은 그것으로 막대한 이익을 챙기는 데 몰두하고, 국가는 그것을 경제를 성장시키거나 강대국으로 발돋움하기 위한 도구로 삼기 마련이지요. 과학기술이 자꾸 변질하고 오염되는 이유 가운데 하나가 여기에 있습니다.

'돈과 권력의 시대'로 전락한 과학기술

이런 현실을 상징하는 것이 '특허'라는 제도입니다. 특허란 새로운 발명품이나 기술을 개발한 기업이나 개인이 그것에 대한 권리를 독점적으로 행사할 수 있는 법적인 자격을 말합니다. 그래서 특허를 통해 남들이 자신의 발명품을 마음대로 사용하지 못하게 막을 수도 있고, 일정한 사용료를 받고 자신의 발명품을 사용하도록 허락함으로써 가만히 앉아서도 큰돈을 벌어들일 수 있습니다. 이런 방법으로 기업들은 자신이 개발한 특정 기술에 대해 특허를 낸 뒤 막대한 이익을 챙깁니다. 한마디로 이들 기업에 이런 기술은 '황금알을 낳는 거위'라고 할 수 있지요.

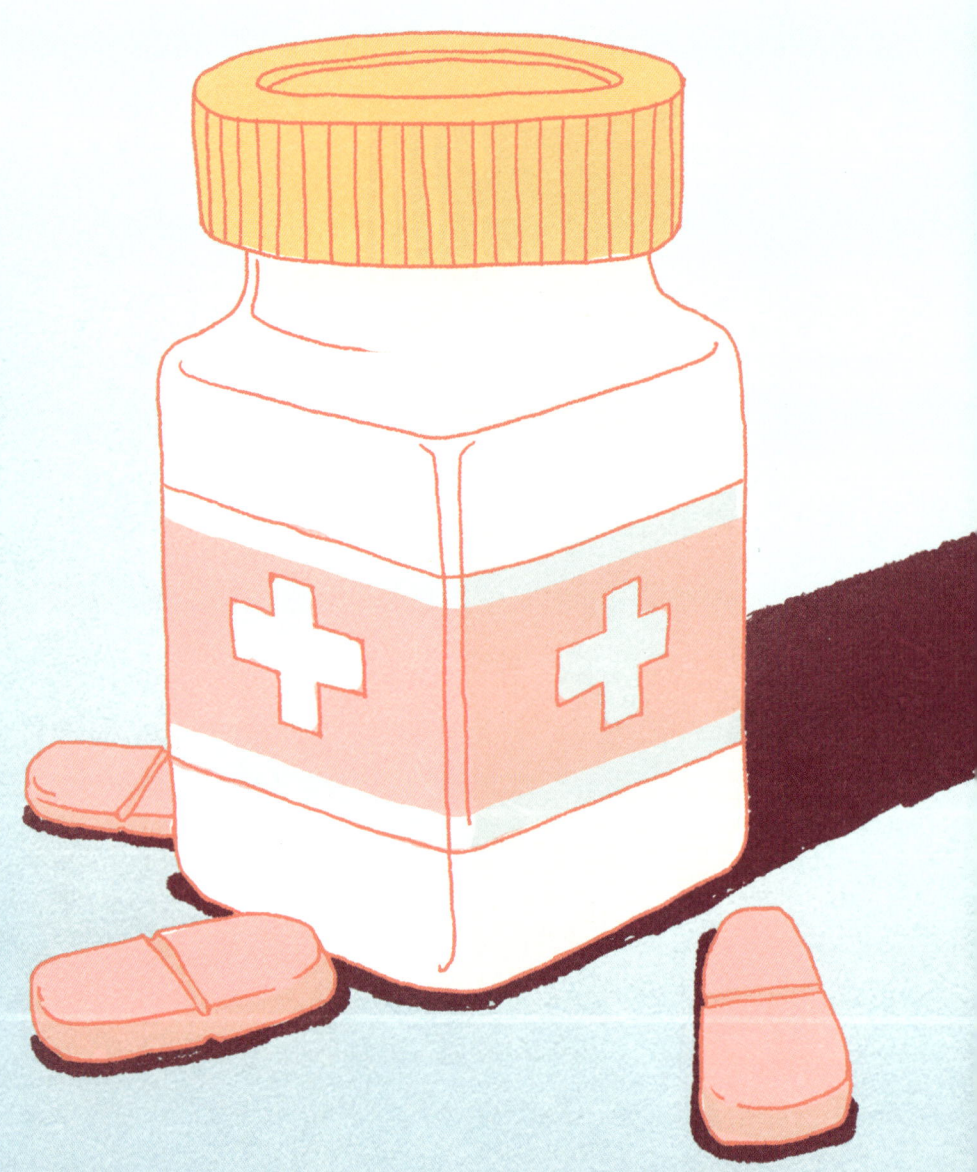

　이런 문제를 잘 보여 주는 것이 글리벡이라는 약입니다. 글리벡은 혈액에 생기는 암의 일종이라고 할 수 있는 만성 골수 백혈병 환자의 생명을 연장해 주는 약입니다. 혈액의 정상 세포는 그대로 두고 암세포만 제거하지요. 이 약은 스위스의 거대 제약기업인 노바티스가 개발해 2000년대 초에 우리나라에 들어왔습니다. 수많은 백혈병 환자가 '이젠 살았구나!' 하며 환호성을 질렀습니다. 이전에는 이 병에 걸리면 90% 이상이 목숨을 잃을 수밖에 없었으니까요.

그런데 실제 현실은 이상한 방향으로 흘러갔습니다. 소수의 돈 많은 사람을 뺀 대부분 환자가 이전과 마찬가지로 고통스럽게 죽음을 기다려야만 하는 상황이 계속됐습니다. 약값이 너무 비쌌기 때문입니다. 한 달에 몇백만 원, 1년이면 수천만 원이 예사였지요. 다행히도 지금은 백혈병 환자가 부담해야 할 글리벡 약값은 거의 없습니다. 하지만 이렇게 되기까지 환자와 가족들은 그야말로 목숨을 걸고 오랫동안 싸워야만 했지요. 이런 일이 생기는 게 다 특허 제도 탓입니다. 노바티스는 이 제도 덕분에 엄청난 돈을 갈퀴로 긁어모으듯 벌어들였지만, 수많은 환자가 자기 생명을 살려줄 약이 있는 줄 뻔히 알면서도 돈이 없어 죽어 가야만 했습니다.

에이즈도 다르지 않습니다. 오늘날 아프리카의 수많은 사람이 에이즈로 죽어 가고 있습니다. 약이 없어서일까요? 아닙니다. 에이즈 치료제는 이미 나와 있습니다. 하지만 제약회사가 약값을 지나치게 높게 매기는 바람에 생계를 유지하기도 벅찬 대다수 가난한 에이즈 환자가 그냥 죽을 날을 기다릴 수밖에 없는 게 지금의 서글픈 현실입니다. 그래서 우리는 '과연 사람의 목숨과 건강보다 기업의 돈벌이가 더 중요한가?'라는 질문을 던지지 않을 수 없습니다.

현실이 이렇다 보니 돈을 쥐고 있는 기업의 입김으로 과학기술 연구의 결론이 바뀔 때도 종종 있습니다. 또한, 돈을 벌어다 주는 과

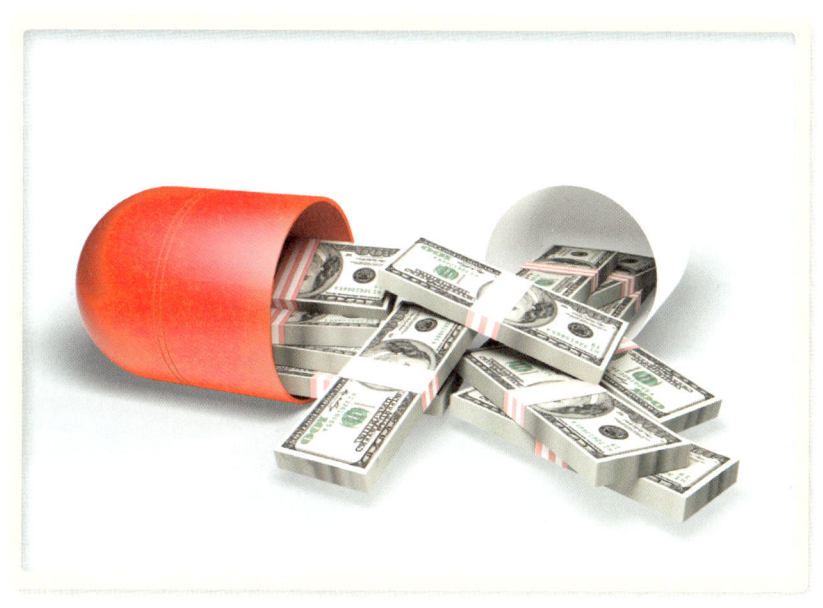

학기술은 장려되는 반면에 수많은 사람에게 꼭 필요함에도 돈벌이에 도움이 안 되는 과학기술은 뒷전으로 밀려나기 일쑤입니다. 심지어 기업이 연구비를 대주는 대가로 자신에게 불리한 연구를 중단할 것을 요구하기도 하지요.

그 결과 오늘날 과학기술은 사람, 자연, 생명으로부터 갈수록 멀어졌습니다. 과학기술을 돈 많은 기업, 극소수 전문가, 권력 엘리트 등이 독점하게 된 건 그 필연적인 결과지요. 그리하여 오늘날 대다수 사람은 과학기술의 '주인'이 아닙니다. 그저 단순하고 수동적

인 '소비자'일 뿐이지요. 이처럼 과학기술이 '자본과 권력의 시녀'로 전락했다는 비판은 이제 새삼스러운 얘기가 아닙니다. 바로 이것이 '빛의 속도'로 발전을 거듭하고 있는 현대 과학기술이 지닌 또 하나의 얼굴입니다.

또 하나 특별히 주목해야 할 것은 과학기술의 눈부신 발전에 따라 '위험' 또한 덩달아 급속도로 커지고 있다는 점입니다. 예를 하나 들어볼까요? 지난 1986년에 미국의 우주 왕복선 챌린저호가 지상을 박차고 비행을 시작한 지 불과 73초 만에 공중에서 폭발한 적이 있습니다. 7명의 승무원이 모두 죽었고, 무려 1조 2,000억 원을 쏟아 부어 만든 첨단 우주선 또한 한순간에 사라지고 말았지요. 어처구니없게도 대참사의 원인은 아주 작은 실수였습니다. 우주선 부품 사이의 연결 부분이 벌어지지 않도록 밀폐하는 고무마개가 약간 헐거웠던 거지요. 우주선이 발사되면서 생기는 커다란 충격 탓에 고무마개가 약간 망가졌는데, 그 영향이 그만 순식간에 우주선 전체로 퍼지면서 결국 폭발하고 만 겁니다.

현대 사회는 이 우주선과는 비교할 수 없을 정도로 훨씬 더 거대하고 복잡한 과학기술의 결과물로 이루어져 있습니다. 언제 어디서 무슨 일이 터질지 모릅니다. 그럴수록 위험 또한 커질 수밖에 없습니다. 복잡하게 서로 연결되고 얽혀 있는 거대 과학기술 시스템일수록 조그만 결함 하나가 시스템 전체를 망가뜨릴 가능성이 커지니까요. 이처럼 오늘날 과학기술은 인류를 예측할 수 없는 위험과 불확실성의 늪으로 밀어 넣고 있습니다. 현대 사회란 곧 이렇게 만들어진 거대한 과학기술 시스템의 다른 이름이기도 합니다. 문제는 거대 과학기술은 거대 위험을 낳기 마련이라는 점입니다. 현대 사회를 '위험 사회'라 부르는 까닭이지요.

과학기술이 발전함에 따라 이 위험은 갈수록 커지고 있습니다. 동시에 이전에는 상상할 수 없었던 새로운 위험이 곳곳에서 자라나고 있습니다. 그래서 어떤 사람들은 현대 과학기술은 파국을 향해 벼랑 끝으로 치닫는 거대한 '괴물'과 같다고 목소리를 높이기도 합니다. 극단적인 비관주의는 물론 바람직하지 않습니다. 하지만 예측하기 어렵고 불확실한 위험이 잔뜩 도사리고 있는 과학기술 문명의 위태로운 골짜기를 우리가 지금 아슬아슬 지나고 있다는 것은 부인하기 어려운 사실입니다.

어느 미국 대통령 보좌관의 황당한 이야기

과학기술을 놓고 자본과 국가가 짝짜꿍이 될 때 얼마나 어처구니없는 일이 생기는지를 보여 주는 좋은 사례가 있다.

세계 과학자 중에는 지구 온난화가 객관적인 사실이 아니며 인간이 일으킨 현상도 아니라고 주장하는 사람들이 있다. 그런데 이런 과학자들 뒤에는 대체로 석유 기업이나 석탄 기업이 있다. 지구 온난화를 막으려면 온실가스 배출량을 줄여야 한다. 한데 그렇게 되면 온실가스를 만들어 내는 주범인 석유나 석탄 같은 화석연료 소비를 줄여야 하고, 그 결과는 이들 기업의 손해로 이어질 수밖에 없다. 즉, 지구 온난화를 부정해야 이들 화석연료 기업은 돈을 더 많이 벌 수 있다. 그래서 이들 기업은 엄청난 돈을 쏟아 부으며 이런 과학자들을 내세워 일반 사람들이 지구 온난화를 의심하도록 여론을 유도하고 조작해 왔다.

미국의 조지 부시 전 대통령 사례가 이를 잘 보여 준다. 부시는 석유 기업으로 큰돈을 벌어들인 사업가 출신이었다. 환경문제에 아무런 관심이 없었던 그는, 오랫동안 석유 기업의 이해를 대변하는 로비스트로 일하면서 지구 온난화를 부정해 온 필립 쿠니라는 사람을 환경 담당 보좌관으로 임명했다. 그런데 쿠니는 4년이 넘게 지구 온난화와 온실가스 배출의 관계를 다룬 보고서가 올라오면 내용을 조작하거나 삭제하는 어처구니없는 짓을 저질렀다. 정부 정

화석연료가 내뿜는 온실가스는 지구 온난화의 주범이다

책을 책임지는 중요한 공직에 있으면서도 정부 보고서 내용을 제멋대로 바꾸기까지 하면서 자기를 지원해 주는 석유 기업을 위해 일한 것이다. 그러다 결국 이를 보다 못한 내부의 어느 양심적인 사람이 〈뉴욕 타임스〉라는 신문에 이 사실을 폭로했다. 쿠니는 거센 비난 속에서 불명예스럽게 물러날 수밖에 없었다. 하지만 그는 그 자리를 떠나자마자 곧바로 미국의 거대 석유 기업인 엑손모빌로 출근했다.

이 이야기는 기업과 권력이 같은 이해관계로 뭉쳐 진실을 숨기는 것은 물론 왜곡하고 조작하기까지 한다는 사실을 날것으로 보여 준다. 실제로 부시는 지구 온난화를 막으려는 국제적 노력에 찬물을 끼얹고 환경보다는 기업 이익을 지키는 데 열성이었던 대통령으로 악명이 높았다.

2장

생명공학

생명공학은 '만병통치약'일까?

복제 양 돌리의 탄생

　1997년 봄, 전 세계는 깜짝 놀랐습니다. 너무나도 희한한 동물이 태어났기 때문입니다. 이 동물은 이제까지와는 전혀 다른, 일반적인 상식으로는 도무지 이해하기 어려운 놀라운 방식으로 태어났습니다. 복제 양 돌리가 바로 그 주인공입니다.

　두말할 필요도 없이 대부분 동물은 수컷의 정자와 암컷의 난자가 만나는 수정을 통해 새로운 생명이 만들어집니다. 하지만 돌리는 이런 방식으로 태어나지 않았습니다. 수정이 이루어지지 않은 상태에서 태어난 역사상 첫 포유동물이 바로 돌리라는 얘기지요. 대체 무슨 일이 벌어진 걸까요?

과학자들은 우선 6살짜리 암컷 양의 가슴 부위에서 체세포(생식세포를 뺀 모든 세포)를 떼어내 다른 암컷 양의 유전물질을 제거한 난자 속에 집어넣었습니다. 그런 다음 이 세포와 난자가 합쳐질 수 있도록 전기 자극을 가했습니다. 그러자 놀랍게도 난자와 세포가 결합하여 '배아'(난자와 정자가 수정된 뒤 완전한 개체로 자라기 전까지의 발생 초기 생명체)로 자라나기 시작했습니다. 이 배아는 암컷과 수컷의 유전자를 동시에 물려받는 일반 배아와는 달리 오로지 6살짜리 암컷 양의 유전자만을 물려받아 만들어졌습니다. 이처럼 본래의 것과 유전자가 똑같은 개체를 새롭게 만드는 것을 '복제'라 합니다. 한마디로 돌리는 체세포의 주인인 6살짜리 암컷 양을 그대로 본뜬 복제 동물인 거지요.

돌리의 겉모습만 보면 다른 일반 양과 똑같습니다. 하지만 돌리는 일반 양과는 달리 아빠가 없습니다. 대신에 엄마만 셋입니다. 자, 하나씩 따져볼까요? 하나는 가슴 부위 체세포로 유전자를 제공한 엄마입니다. 또 하나는 난자를 제공한 엄마입니다. 또 다른 하나는 낳아 준 엄마입니다. 아빠는 없이 엄마만 셋이라니, 놀랍고 황당한 일이 아닐 수 없습니다.

돌리의 탄생은 암컷의 가슴 부위 세포라는 체세포에서 비롯되었습니다. 암수의 결합으로 태어나는 일반 동물은 부모의 유전형질(동

식물의 모양, 크기, 성질 따위의 고유한 특징)을 모두 동시에 물려받습니다. 우리가 모두 그렇듯이 말입니다.

이와는 달리 돌리처럼 암컷의 체세포에서 탄생한 동물은 체세포를 제공한 '엄마'만의 유전형질을 물려받게 됩니다. 엄마 양의 복제동물이 만들어진 거지요. 온 세상이 깜짝 놀랐던 것은, 다 자란 어른 동물의 체세포를 이용해 새로운 개체를 탄생시키는 방식은 기나긴 생명 역사에서 돌리가 처음이었기 때문입니다.

이렇게 복제 기술이 부리는 신기한 '마술'의 힘으로 양의 복제는 성공했습니다. 자, 그렇다면 인간은 어떻게 될까요? 복제 양 돌리의 탄생은 인간 복제 우려를 낳으면서 엄청난 논란을 불러일으켰습니다. 복제 인간의 출현이 단지 소설이나 공상과학영화에서나 볼 수 있는 게 아니라 현실에서도 가능하리라는 전망이 급속도로 퍼진 거지요. 복제 인간, 곧 나와 똑같은 사람이 세상에 또 존재한다는 건 정말 상상을 초월하는 일인 만큼, 복제 인간 문제가 거센 논란에 휩싸인 건 당연한 일입니다. 인간을 포함한 생명 복제를 둘러싼 격렬한 논쟁은 지금도 계속되고 있습니다.

바로 이런 신기하고도 희한한 일을 할 수 있게 해 주는 것이 생명공학입니다. 생명공학이란 생명체의 형질, 기능, 형태 등을 결정하는 유전자를 인공적으로 조작하여 생명체를 개조하거나 새로 만드는 기술입니다. 이 생명체에는 동물과 식물이 모두 포함됩니다. 당연히 사람도 포함되고요. 그러니까, 본래 자연으로부터 주어진 생명의 속성을 인위적으로 바꾸거나 새롭게 만들어 내는 기술, 다시 말하면 자연과 생명 질서에 인간이 개입해 그것을 뒤흔들고 지배하고 통제하려는 시도가 곧 생명공학인 셈입니다.

자 그럼, 생명공학을 이해하는 데 가장 기본적인 개념인 유전자란 용어의 정확한 뜻부터 확인하고 넘어갈까요? 유전자란 사람을 비롯한 모든 생물체의 유전 형질, 곧 모양, 크기, 성질 따위의 고유한 특징을 규정하는 기본 단위를 말합니다. 간단히 말하면, 한 생물체의 모든 정보가 담긴 설계도라고 할 수 있지요. 한 세대에서 다음 세대로 그 개체의 모든 생물학적 정보를 전달해 주는 구실을 하는 게 바로 이 유전자입니다.

동물 복제, 과연 좋은 걸까?

　이제 복제 이야기를 좀 더 본격적으로 해 보지요. 복제 양 돌리 사례가 잘 보여 주듯이 지금은 동물을 복제할 수 있습니다. 그런데 여러분, 복제 이야기를 들으면 당장 떠오르는 의문이 있지 않나요? '왜 사람들은 애써서 동물을 복제하려고 할까?' 그리고 '동물 복제에 무슨 심각한 문제나 부작용은 없을까?'라는 게 그것입니다. 동물 복제가 본래부터 타고난 자연의 본성이나 섭리를 거스르는 일인 만큼 이런 의문이 드는 건 자연스러운 일입니다. 그럼 하나씩 살펴볼까요?

　동물 복제 덕분에 사람이 다양한 이득과 혜택을 누리게 된 건 분명한 사실입니다. 대표적인 보기로, 동물 복제를 하면 사람에게 필요한 동물을 손쉽게 얻을 수 있습니다. 예를 들면 사람에게 거부 반응(자기 몸에 들어온 이물질을 침입자로 여겨서 받아들이지 않고 공격하는 현상)을 일으키지 않는 동물을 만들면 그 동물의 장기를 사람에게 이식할 수 있겠지요. 특히 돼지 장기는 사람 것과 아주 비슷해서 쓸모가 많다고 합니다. 이런 동물을 필요한 만큼 수백 수천 마리씩 복제하면 필요한 장기를 훨씬 쉽게 얻을 수 있겠지요. 신장(콩팥), 간, 심장, 폐 같은 장기가 모자라 수많은 사람이 고통을 겪거나 죽어 가는 현실에서 이것은 동물 복제가 인간에게 안겨 주는 큰 '선물'이라고 할 수 있습니다.

또 고기가 맛있는 소나 우유가 많이 나오는 소를 만들어 대량으로 복제하면 맛 좋은 고기와 우유를 더욱 값싸게 먹을 수 있지 않을까요? 유전자 조작으로 값비싼 의약품 성분을 젖으로 분비하는 염소를 만들거나 광우병에도 끄떡없는 소를 만든 뒤 이런 동물을 대량으로 복제해도 큰 쓸모가 있을 것입니다. 동물이나 사람의 질병을 연구하는 데에도 큰 도움이 될 테고요.

자, 여기까지 얘기만 들으면 동물 복제가 참 좋은 것 같습니다. 하지만 빛이 있으면 그늘이 있기 마련이듯, 동물 복제에도 문제점이 있기는 마찬가지입니다. 가장 먼저 따져 봐야 할 문제는 동물 복제

세계 최초 복제 동물, 돌리

가 실제로 얼마나 가능한가 하는 점입니다.

우리나라에서 1999년에 '영롱이'라는 이름의 복제 소를 만든 적이 있습니다. 이에 힘입어 품질이 우수한 한우를 대량으로 복제해서 전국 농가에 보급하겠다는 야심 찬 계획도 추진했고요. 하지만 기술적 한계 탓에 결국 제대로 시작도 해 보지 못한 채 도중에 포기하고 말았습니다.

그렇습니다. 동물 복제는 연구 단계에서 아주 드물게 개별적인 성공 사례가 나올 때가 있긴 합니다. 문제는 거기서 그칠 때가 많다는 점입니다. 실제로 동물 복제가 많은 사람에게 큰 도움이 될 정도로 널리 퍼지기는 대단히 어렵습니다. 복제 기술이 눈부시게 발전했다고는 해도 동물 복제 성공률은 아주 낮습니다. 지금 기술로 복제할 수 있는 동물의 종류도 크게 제한돼 있고요. 양, 젖소, 염소, 생쥐, 돼지, 고양이, 토끼 등이지요. 하지만 이 모든 동물 종류를 통틀어 성공률은 평균 2~3%를 넘지 못합니다. 그래서 복제 동물을 실용화해서 널리 보급하는 건 적어도 아직은 매우 어려운 일입니다.

그렇다면 복제에 성공한 동물은 과연 일반 동물처럼 건강하고 정상적일까요? 여기서 또 하나의 심각한 문제가 떠오릅니다. 복제 동물이 정상적인 건강을 유지하는 것은 지극히 어려운 일이니까요. 복제 양 돌리도 다르지 않았습니다. 돌리는 폐 쪽에 큰 병이 생겨서 6살에 죽었습니다. 정상적인 일반 양의 평균 수명이 12살 정도인 데 견주면 아주 일찍 죽은 거지요.

다른 보기로, 일본에서 복제에 성공한 생쥐 12마리 가운데서도 10마리가 평균 수명의 절반밖에 살지 못했습니다. 더구나 복제한 쥐들은 간과 폐가 일찍부터 망가졌고 종양까지 생겼다고 합니다. 이처럼 복제 동물은 대개 정상 동물에 견주어 수명이 아주 짧습니다. 질병과 기형과 장애도 아주 많이 생기고요. 이처럼 복제 동물은 아직 건강이나 안전성이 검증되지 않았습니다. 매우 위험하다는 애기지요.

　나아가 더욱 근본적인 비판도 무시하기 어렵습니다. 동물 복제가 동물을 지나치게 수단과 도구로만 여기는 행위라는 지적이 그것입니다. 실제 효과도 거의 없는 동물 복제를 무분별하게 시도하다 보면 수많은 동물이 불필요하게 큰 고통과 희생을 당할 수밖에 없다는 거지요. 여기에는 사람의 이익이나 필요만을 앞세워 다른 생명체를 지나치게 괴롭히는 건 윤리적으로 잘못이라는 문제의식이 깔려 있습니다.

　물론 이에 대해 동물 복제 찬성론자들은 이렇게 반박합니다. 동물 복제를 비롯한 생명공학의 발달은 거스를 수 없는 대세다, 그렇게 자꾸 문제점만 들추어내 반대하면 앞서가는 과학기술 흐름에 뒤처질 수밖에 없다, 복제 기술이 아직은 완벽하지 않지만 계속 발전하고 있으므로 지금 지적된 문제들은 머잖아 해결될 것이다, 하고 말입니다. 특히 이들은 동물보다 사람의 이익을 앞에 놓습니다. 장기 이식에서 보듯 동물 복제로 많은 사람이 도움과 혜택을 받을 수 있다면 그것 자체로 좋고 바람직하지 않으냐는 거지요. 여러분의 생각은 어떤가요?

위험하고 무책임한 인간 복제

이제 자연스럽게 인간 복제 이야기로 넘어갑니다. 동물 복제를 둘러싸고는 찬성과 반대 의견이 뜨겁게 엇갈리지만, 인간 복제 문제는 좀 다르지 않을까 싶습니다. 현재 인간 복제는 모든 나라에서 법으로 금지돼 있습니다. 그만큼 인간 복제가 안고 있는 문제와 위험성이 큰 탓이지요.

우선, 인간 복제가 어떻게 이루어지는지부터 알아볼까요? 간단히 말하면 복제 양 돌리를 만드는 방식으로 새로운 인간을 만드는 것이라고 할 수 있습니다. 그러니까, A라는 사람이 자신의 체세포를 B라는 여성의 난자에 집어넣어 전기 충격을 가해 이 둘을 결합한 뒤, 대리모 격인 C라는 여성의 자궁에서 키우면 이론적으로 아기가 태어날 수 있는 거지요. 여기서 A는 남자일 수도 있고 여자일 수도 있습니다. 남자라면 복제된 아이도 남자일 것이고, 여자라면 복제된 아이도 여자로 태어나겠지요. 그리고 A와 B와 C는 같은 사람일 수도 있고, 제각각 다른 사람일 수도 있습니다. 물론 같은 사람이라면 당연히 여자여야겠지요. 남자가 아기를 낳을 순 없으니까요. 이 아기가 지니게 되는 유전 정보는 A라는 사람의 체세포에서 비롯된 것입니다. 그래서 아이는 A라는 사람과 유전적으로 똑같은 사람이 됩니다. A의 복제 인간이 탄생하는 거지요.

전문가 가운데에는 원숭이 같은 영장류나 인간은 복제 자체가 불가능할 것이라고 내다보는 이들이 적지 않습니다. 하지만 이는 모를 일입니다. 복제 기술이 더욱 발전하면 언젠가는 가능해질지도 모르지요. 무엇보다, 기술적으로 가능한 것은 언제든 현실에서 이루어질 가능성이 큰 게 현대 과학기술의 속성입니다. 어쨌든 실현 가능성과는 관계없이 인간 복제의 문제점을 따져보고자 하는 것은 이를 통해 생명공학의 실체를 더 깊이 이해할 수 있기 때문입니다.

결론부터 말하면, 인간 복제는 인간의 정체성과 존엄성을 망가뜨리는 아주 위험하고 무책임한 짓이라고 할 수 있습니다. 자 여러분, 한번 생각해 보세요. 모든 사람은 제각각 과거에도 없었고 미래에도 없을 완전히 고유하고 독창적인 단 하나의 존재잖아요? 그래서 모든 사람은 생김새든 성격이든 능력이든, 자기가 어떤 사람인지 모르는 채 완전히 새로운 존재로 태어납니다. 그런데 복제 인간은 유전자가 사전에 결정된 탓에 어떤 사람인지 미리 다 알게 돼 있습니다. 이런 복제 인간을 과연 온전한 인간의 지위와 자격을 가진다고 할 수 있을까요?

눈을 돌려 복제 인간 처지에서 생각해 보면 어떨까요? 여러분도 한번 자신이 복제 인간이라고 상상해 보세요. 그리고 복제 인간으로 살아갈 때 어떤 일을 겪게 될지, 어떤 생각과 기분이 들지를 생각해 보세요. 자, 복제 인간으로 태어난 아기는 성장하는 과정에서 자기에게 유전자를 제공해 준 원본 '아빠'나 '엄마'를 보게 될 것입니다. 만약 그 아이가 자기가 복제 인간임을 안다면 그는 아마도 원본 '아빠'나 '엄마'를 보면서 늘 미래의 자기 모습을 떠올리게 되지 않을까요? '나도 커서 저 나이가 되면 저런 모습의 저런 사람이겠구나.' 하는 것을 늘 의식하게 된다는 거지요. 그러면 그 아이는 '나는 도대체 누구인가?' 하는 극심한 혼란에 빠지지 않을까요? 이런 경험이 무척이나 고통스러우리라는 건 두말할 나위도 없을 것입니다.

또한, 방금 설명했듯이 복제 인간이 태어나는 과정에는 3명의 사람이 참여할 수도 있습니다. 그렇다면 이 세 사람을 모두 부모로 보아야 할까요? 정말 헷갈리고 골치 아픈 일이 아닐 수 없습니다. 이처럼 인간 복제는 인간의 개념 자체를 뿌리째 뒤흔드는 행위라고 할 수 있습니다.

좀 극단적이긴 하지만 이런 경우도 상상해 볼 수 있을 듯합니다. 즉, 인간 복제가 가능하다면 죽은 사람도 그 사람의 체세포를 살아 있을 때 떼어 두었다가 죽고 나서 복제할 수 있지 않을까요? 만약 이런 일이 실제로 벌어진다면 도대체 죽음이란 건 어떻게 되는 걸까요? 이렇게 보면 인간 복제는 인간의 개념과 생명의 본질뿐만 아니라 삶과 죽음의 의미마저 깊은 혼돈의 수렁으로 빠뜨릴 위험성이 아주 크다고 할 수 있습니다.

물론 인간 복제가 필요할 때도 있다는 주장이 나오지 말란 법은 없습니다. 예컨대, 어떤 사람의 자식이 교통사고로 죽었다고 가정해 볼까요? 이때 죽은 자식의 살아 있는 세포를 건질 수 있고 그것을 엄마가 자기 난자와 결합한다면 죽은 아이와 똑같은 복제 아이를 얻을 수 있겠지요. 또 다른 사례로, 아기를 갖지 못해 고민하는 불임 부부의 경우도 인간 복제로 자식을 얻을 수 있다는 주장을 할 수 있겠고요.

하지만 이런 경우도 곰곰이 생각해 보면 문제가 보통 복잡한 게 아닙니다. 죽은 아이와 복제된 아이는 과연 똑같은 사람일까요? 겉으로는 당연히 같은 사람처럼 보이겠지요. 유전자가 같으니까요. 하지만 이 둘은 같은 사람이 아닙니다. 유전적으로는 같더라도 성격, 행동, 취향, 소질 같은 건 얼마든지 다를 수 있으니까요. 어떤 사람이 되는가는 단순히 유전자로만 결정되는 게 아니잖아요? 설사 유전자가 같다고 해도 성장 환경, 사회적 조건, 교육, 자라면서 겪는 경험과 만나는 사람 등을 비롯해 수많은 요인에 따라 얼마든지 다른 사람으로 성장할 수 있지요. 그래서 예를 들어, 복제해서 낳은 아이가 죽은 아이와 겉모습은 똑같은데 행동이나 성격이 전혀 다르다면 그 부모는 어떤 느낌이 들까요? 엄청나게 혼란스럽지 않을까요? 이 아이가 과연 부모가 애초 소망했던 대로 죽은 자식을 온전히 대신할 수 있을까요?

인간 복제는 생명공학의 눈부신 발전에 힘입어 가능해졌습니다. 하지만 인간 복제가 안고 있는 갖가지 위험하고도 치명적인 문제들은 인간의 '인간다움', 생명의 '생명다움', 자연의 '자연다움'이 무엇인지에 관한 근본적인 질문을 던지고 있습니다. 이는 오롯이 생명공학 자체를 향한 질문이기도 합니다.

'국민 영웅'에서 '사기꾼'으로 전락한 사람

이제 다른 이야기로 넘어가면서 우리나라에서 벌어졌던 사건 하나를 먼저 소개합니다. 참 부끄럽기도 하고 어처구니없기도 하고 우스꽝스럽기도 한 일이었지요.

지난 2004년에서 2005년에 걸쳐 우리나라에는 온 세계가 주목한 유명한 과학자가 있었습니다. 그가 세계에서 처음으로 엄청난 기술을 개발했기 때문이지요. 사람의 체세포를 핵을 제거한 여성의 난자와 결합한 뒤 여기에 전기 자극을 가해 배아를 만들어 내고(이것이 앞에서 언급한 '복제'지요), 이 인간 복제 배아에서 줄기세포라는 것을 뽑아낸 겁니다. 더구나 다른 사람도 아닌 환자 자신의 체세포로 만든 복제 배아에서 줄기세포를 만들어 냈다고 발표되었습니다. 이것을 흔히 '환자 맞춤형 줄기세포'라고 하지요. 이 기술이 놀라운 이유는, 지금으로써는 도저히 고칠 수 없는 여러 불치병과 난치병을 치료할 수 있는 '마법의 열쇠'가 줄기세포에 있다고 여겨지기 때문입니다. 자, 그렇다면 줄기세포란 뭘까요?

모든 생명체는 아주 작은 세포로 이루어져 있습니다. 사람 몸을 구성하는 세포는 무려 50조에서 100조 개에 이르지요. 이들 세포는 정자와 난자가 만나서 만들어지는 수정란에서 생겨나 점차 신경 세포, 근육 세포, 혈액 세포 등으로 자라게 됩니다. 그러면서 저마다 고유한 기능과 특성을 보이게 되지요. 이 과정을 '분화(分化)'라 하는데, 줄기세포란 바로 다른 세포로 분화할 수 있는 세포를 말합니다. 그러니까 생명체의 다양한 조직이나 기관, 장기 등으로 분화할 능력을 갖춘 세포가 바로 줄기세포라는 거지요. 나무줄기에서 수많은 가지가 뻗어 나가는 데 착안해 이런 이름이 붙었습니다.

줄기세포에는 여러 종류가 있습니다. 하지만 가장 큰 관심을 끄는 건 단연 '배아 줄기세포'라는 것입니다. 배아란 수정이 이루어진 뒤 보통 7~9주일 정도까지 자란 생명체의 가장 초기 단계를 말하지요. 여기서 특히 수정 뒤 4~5일 정도부터 배아 안쪽에서 만들어지는 세포들을 배아 줄기세포라고 합니다. 이 배아 줄기세포가 중요

한 까닭은 근육, 신경, 뇌, 뼈, 피부, 간, 혈액 등 사람 몸의 거의 모든 장기나 기관이나 조직으로 분화할 수 있는 아주 특별한 능력을 지니고 있기 때문입니다.

줄기세포 치료법의 비밀이 바로 여기에 있습니다. 다시 말해, 병에 걸렸거나 장애가 생긴 장기, 조직, 기관 등에 배아 줄기세포를 집어넣으면 각각의 부위에 필요한 정상적인 세포가 자라나 치료가 된다는 얘기지요.

예를 들어 교통사고로 척수가 크게 망가진 사람이 있다고 가정해 볼까요? 척수란 사람 몸을 지탱하는 기둥인 척추, 곧 등뼈 안을 가로지르는 신경 다발을 말합니다. 이 척수가 손상되면 팔다리 같은 신체 부위가 마비돼 움직이지 못하게 됩니다. 그런데 이처럼 손상된 척수 부위에 줄기세포를 집어넣으면 척수가 되살아나 정상으로 돌아올 수 있습니다. 이런 치료법이 완벽하게 개발된다면 장애인이 사라질지도 모르는 거지요. 이런 식으로 몸의 어디든 문제가 생긴 부위에서 제 기능을 못 하는 세포를 정상적인 세포로 바꾸어 주는 것, 이것이 바로 줄기세포 치료법이 지닌 놀라운 마법입니다.

그 과학자는 이런 줄기세포를 환자 자신의 체세포로 만들어 냈기 때문에 더욱 큰 주목을 받았습니다. 다른 사람한테서 나온 줄기세포는 환자 몸에 거부 반응을 일으켜 몸에 아주 심각한 타격을 입힐 가능성이 크니까요. 최악의 경우는 사망할 수도 있고요.

그리하여 그는 당시에 장애를 없애고 난치병과 불치병을 치료해 줄 수 있는 '장애인의 구세주', '국민 영웅', '국보급 과학자' 등으로 불리며 폭발적인 열광과 환호를 받았습니다. 언론도 입에 침이 마르도록 찬사를 보냈고요. 한국인 최초로 노벨상을 받으리라는 기대가 쏟아지는가 하면, 그가 개발한 기술이 '황금알을 낳는 거위'가 되어 국가 경제발전의 일등공신이 되리라는 장밋빛 환상이 한껏 부풀어 오르기도 했습니다.

그러나 웬걸, 그런 분위기는 오래가지 못했습니다. 왜일까요? 그의 '업적'이 나중에 사기인 것으로 밝혀졌기 때문입니다. 그가 발표한 논문은 위조와 변조, 거짓으로 조작한 것이었습니다. 검증 결과 줄기세포를 만들었다는 증거도 없었습니다. 그리하여 온 세계와 수많은 사람을 흥분과 열광의 도가니에 빠뜨렸던 그의 '연극'은 어처구니없는 '사기극'으로 끝나고 말았습니다. '대한민국의 보물'로 칭송받았던 '위대한 과학자'가 하루아침에 과학의 얼굴에 먹칠한 '사기꾼'이자 온 세계의 조롱거리로 전락한 거지요. 이 사람이 누구일까요? 서울대 수의대 교수였던 황우석 씨가 바로 그 주인공입니다.

줄기세포가 '만능 해결사'라고?

'황우석 사기극'이 일어난 배경에는 줄기세포 치료법이 인류의 행복과 삶의 질을 획기적으로 높여 주리라는 기대가 깔려 있습니다. 실제로 오늘날 줄기세포 연구는 치매, 파킨슨병, 척수 손상, 당뇨병 등 현재로써는 고칠 수 없는 난치병과 갖가지 장애를 앓고 있는 많은 사람에게 한 줄기 희망의 빛을 비추어 주고 있습니다. 나아가 줄기세포 치료법으로 화상을 입은 환자에게 이식할 새로운 피부도 만들 수 있고, 사고나 질병으로 신경을 심하게 다쳐도 다시 복구할 수 있으리라는 전망도 나오지요. 줄기세포가 '만능 해결사'라 불리는 까닭의 하나가 여기에 있습니다.

그렇다면 줄기세포 치료법에는 무슨 문제가 있을까요? 그렇게 좋은 것이라면 줄기세포 치료법을 연구하고 개발하는 데 더욱더 박차를 가해야 하지 않을까요? 그러나 줄기세포 치료법에는 아주 민감하고도 까다로운 논쟁거리들이 여럿 얽혀 있습니다. 그중에서도 가장 중요한 것은 생명 파괴 문제입니다. 무슨 소리냐고요? 바로 배아에 대한 얘기입니다. 배아는 점차 자라서 나중에 아기로 태어납니다. 우리 모두 한때는 엄마 배 속에서 배아 상태로 지냈지요. 그래서 배아는 곧 생명이고 인간이라는 목소리가 높습니다.

이에 대해 생명공학 찬성론자들은 수정 뒤 14일 이전까지의 배아는 단지 세포 덩어리에 지나지 않는다고 주장합니다. 수정 뒤 14일은 지나야 조직과 기관, 뇌 등이 형성되므로 그 이전의 배아는 그냥 조그만 세포 덩어리일 뿐이라는 거지요. 또 이때의 배아는 고통을 느끼는 것도 아니고 의식이 있는 것도 아니라는 주장도 곁들이고요. 여성 몸속의 수정란 가운데 끝까지 살아남아 아기가 되는 건 얼마 되지 않는다는 주장도 나옵니다. 자연 상태에서도 수정란이나 초기 배아의 75~80%는 저절로 죽어서 없어진다는 얘기지요. 이는 결국 엄마 배 안에서 대부분 그냥 없어지고 마는 수정란이나 배아를 살아 있는 인간과 똑같은 생명체로 여기는 건 지나치다는 생각으로 연결되기 마련입니다.

이런 주장들은 자연스레 난치병 환자의 생명과 고통에 관심을 가지는 것이 한낱 세포 덩어리에 불과한 것을 소중히 여기는 것보다 훨씬 더 중요하다는 결론으로 이어지게 됩니다. 환자의 생명권과 건강권, 행복 추구권 같은 것을 더 소중하고 절실하게 여겨야 한다는 얘기지요. 이는 곧, 설령 인간 배아에 손상을 좀 주더라도 그 결과로 수많은 환자를 살리고 치료할 수 있다면 그게 더 바람직하다는 얘기이기도 합니다.

여러분 생각은 어떤가요? 고개가 끄덕거려지나요? 그런데 이런 주장들에 대한 반론도 만만치 않습니다. 먼저, 의식이 없고 고통을 느끼지 못하므로 배아를 생명체로 대우할 필요가 없다는 주장은 '그렇다면 혼수상태에 빠졌거나 의식을 잃은 사람을 죽이는 것도 괜찮다는 말이냐?'라는 반론에 바로 부닥칩니다. 그러니까 '죽음이나 고통을 의식하지 못하는 사람을 죽이는 것과 건강하고 정상적인 사람을 죽이는 것이 과연 다른 것인가?'라는 반문인 셈이지요. 예를 들어 어떤 사람이 큰 교통사고를 당해서 감각과 의식을 잃었다고 해서 그 사람의 존엄성과 생명으로서의 가치가 사라지는 걸까요?

또 이 입장에서는 14일을 생명체 여부를 판단하는 기준 시점으로 잡는 것 자체가 터무니없다고 주장합니다. 인간이 아니었다가 어느 특정 순간부터 갑자기 인간이 된다는 게 말이 안 된다는 거지요.

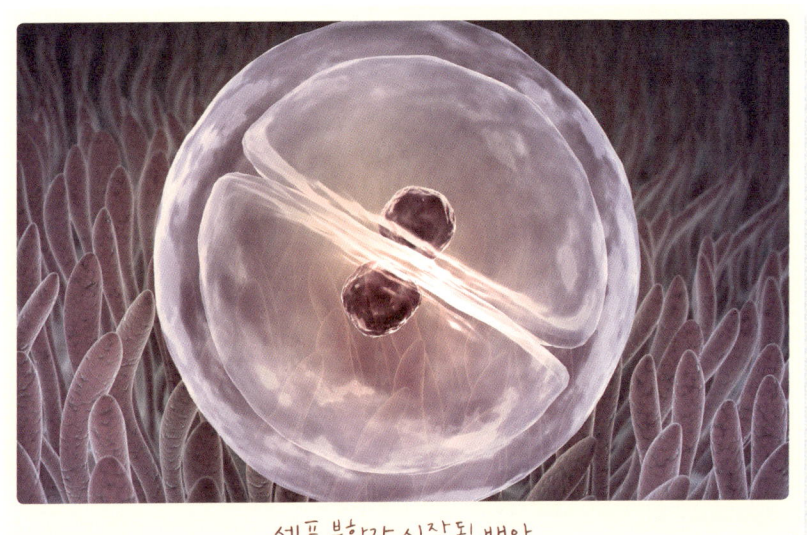
세포 분화가 시작된 배아

14일을 기준으로 배아가 생명체냐 아니냐를 판단한다는 것은 13일째까지는 생명이 아니지만 15일째부터는 생명으로 본다는 얘기입니다. 결국, 고작 이 이틀의 차이가 생명이냐 아니냐를 판가름할 정도로 결정적이고 중요하냐는 거지요. 더구나 조직, 기관, 뇌 등이 만들어지는 시점은 배아에 따라 조금씩 다를 수도 있습니다. 한마디로 14일 기준 주장은 논리적으로나 현실적으로나 타당하지 않다는 얘깁니다.

또한, 배아가 자연적으로도 많이 죽으니까 굳이 생명체로 여길 필요까지는 없지 않으냐는 주장에 대해서는 이렇게 반박합니다. 배아가 자연적으로 죽는 것과 배아를 인위적인 조작으로 죽이는 것은 전혀 다른 것이라고 말입니다. 그런 식으로 얘기하면 일반 사람도 자연적으로 죽는 것과 살해당해서 죽는 것을 똑같은 것으로 봐야 하는 것 아니냐는 거지요.

더군다나 배아 복제는 인간 복제로 나아갈 수도 있어 더욱 위험합니다. 물론 배아 줄기세포를 연구하는 데 쓰이는 복제된 인간 배아가 그 자체로 복제 인간인 것은 아니지요. 하지만 이것이 여성 자궁에 자리를 잡으면 점점 태아로 자라나 나중에 체세포를 제공한 사람과 똑같은 유전자를 지닌 인간, 곧 복제 인간이 태어나잖아요? 인간 배아 복제 연구가 결과적으로 복제 인간을 만드는 위험한 길로 들어서는 출입구가 될 수 있는 셈입니다.

중요한 얘기여서 다시 한 번 강조합니다. 과학기술이란 인간의 애초 계획이나 예상, 통제나 관리를 벗어나 과학적으로나 기술적으로 실현 가능하다면 그게 무엇이든 가리지 않고 저 스스로 실현해 가려는 강력한 속성을 지니고 있습니다. 인간 배아 복제에 좀 더 신중하고 조심스럽게 접근해야 할 까닭의 하나가 여기에 있습니다.

줄기세포 치료법을 대하는 올바른 자세

　줄기세포 치료법이 여성 몸과 인권에 대한 공격이라는 주장도 아주 거셉니다. 줄기세포를 만들려면 당연히 배아가 필요하잖아요? 그리고 배아를 얻으려면 여성의 난자가 반드시 있어야 하잖아요? 그런데 난자를 구하는 것은 몹시 어려운 일입니다.

　우선은 여성이 난자를 잘 만들도록 호르몬과 약물을 주사해야 하고, 난자를 빼낼 때는 배를 열어서 수술해야 합니다. 긴 바늘 같은 주사기를 몸에 깊숙이 찔러 넣어서 난자를 뽑아내기도 합니다. 그런데 이런 고통스러운 수술의 부작용으로 여성이 질병과 후유증에 시달릴 때가 많습니다. 나중에 아기를 못 낳게 될 위험성도 작지 않고요.

　더구나 연구에 필요한 만큼, 또는 원하는 만큼 줄기세포를 얻으려면 아주 많은 난자를 확보해야 합니다. 그런데 이 또한 쉬운 일이 아닙니다. 그래서 난자를 구하는 과정에서 가난한 여성들이 돈을 받고 난자를 파는 일이 생길 가능성이 상당히 큽니다. 난자가 마치 상품이나 물건처럼 사고파는 대상이 될 위험이 크다는 거지요. 이 또한 여성의 몸과 건강과 인권을 크게 해치는 일입니다. 나아가 이는 여성 몸을 수단이나 도구로 취급한다는 얘기이기도 하고, 사람과 생명을 상품화하는 행위라고도 할 수 있습니다. 실제로 난자 매매 인터넷 사이트에서는 난자를 팔려는 여성에게 건강 상태와 질병 경력뿐만 아니라 인종, 키, 나이, 학력, 심지어 IQ까지 밝히라고 요구한다고 합니다. 이런 것들에 따라 난자 가격을 매기는 거지요. 가난한 여성의 인권과 존엄성을 짓밟는 짓이 아닐 수 없습니다.

　실제로 줄기세포를 무리하게 연구하는 과정에서 적절치 않은 방법으로 난자를 구하려는 시도가 이루어지는 게 현실입니다. 방금 소개한 황우석 사건 때도 엄청나게 많은 난자를 불법적으로 구한 게 큰 문제가 되었지요.

　그럼, 줄기세포 치료법은 얼마나 개발됐을까요? 이것으로 난치병이나 장애를 물리칠 가능성은 얼마나 될까요? 적어도 지금으로써는

갈 길이 아주 멉니다. 배아 줄기세포를 만들었다고 해도 그것을 원하는 세포로 분화시키는 기술은 아직 개발되지 않았으니까요. 줄기세포로 만들 수 있는 것 또한 간세포, 뇌세포, 근육세포 등 몇 가지밖에 되지 않습니다. 그래서 장기 전체를 완전히 바꾸는 게 아니라 장기 기능을 보완하는 수준을 크게 넘어서지 못하고 있지요. 그래서 마치 줄기세포 치료를 지금 당장에라도 할 수 있을 것처럼 분위기를 띄우는 것은 잘못된 환상을 부추기는 일이라고 할 수 있습니다.

더구나 배아 줄기세포는 암으로 발전할 위험도 크고, 원하지 않는 세포로 분화할 수도 있습니다. 줄기세포 치료제는 사람 몸의 일부로 만드는 것입니다. 그래서 잘 알려지지 않은 감염 질환이 있는 사람한테서 뽑아낸 줄기세포는 예상치 못한 질병을 일으킬 가능성이 큽니다. 또한, 다른 사람의 줄기세포를 투여받는 것이므로 앞에서 말한 면역 거부 반응을 일으킬 위험도 크고요. 이처럼 줄기세포 치료법은 지금으로써는 상당히 위험한 기술입니다. 배아 줄기세포는 직접적인 치료보다는 어떤 질병의 원인을 밝히거나 새로운 약을 개발하는 용도로 쓰는 게 현실적이고 현명하다는 지적이 높은 이유가 여기에 있습니다.

물론 기술 발전으로 그런 한계는 머잖아 해결할 수 있으리라는 반론이 나옵니다. 또 황우석 사태 때에도 뚜렷이 드러났듯이, 줄기세포 치료법이 막대한 경제적 부를 안겨 주고 국가 경제발전에 크게 이바지하리라고 여기는 사람들도 더러 있습니다. 줄기세포 연구가 앞으로 경제발전을 이끌 생명공학의 첨단 분야라는 얘기지요.

줄기세포 연구가 난치병 및 장애 치료와 의료 기술 발전에 의미 있는 계기가 될 가능성은 얼마든지 있습니다. 하지만 그 과정에 위험 요소가 많다는 것 또한 분명한 사실입니다. 더구나 줄기세포 치료의 효능이 아직은 낮고, 오히려 부작용과 후유증이 크게 우려되는 게 지금의 현실입니다. 그래서 줄기세포 치료법을 마치 '만병통치약'이나 '요술 방망이'라도 되는 것처럼 떠들어 대는 것은 비현실적이고 무책임한 일입니다. 생명을 파괴하고 여성 몸을 망가뜨리면서까지 생명공학 발전을 밀어붙이는 것이 윤리적으로나 사회적으로 얼마나 타당한 일인지는 깊이 따져볼 문제가 아닐까요?

줄기세포 치료의 혜택을 소수의 부유한 사람들만 누리게 될 가능성이 크다는 점도 짚고 넘어가야 할 문제입니다. 첨단 기술일수록 그것을 사용하려면 비용이 많이 들기 마련이니까요. 무엇보다 줄기세포는 생명이나 삶과 같은 근원적인 가치를 둘러싸고 여러 문제와 논란이 복잡하게 얽혀 있습니다. 이런 사안을 단지 '경제'와 '돈벌이'라는 기준으로만 판단하는 것 자체가 바람직하지 않습니다. 그래서 '경제 논리만 앞세운다면 나중에 공장에서 배아를 마치 일반 공산품처럼 대량 생산하게 되지 않을까?'라는 의문을 던지는 사람마저 있습니다. 이게 지나친 호들갑이자 너무 극단적인 상상일까요? 한번 곰곰이 생각해 볼 일입니다.

유전자 검사, 약일까 독일까?

　　생명공학 이야기에서 빠뜨릴 수 없는 또 하나의 주제가 유전자 검사입니다. 일반적으로 유전자 검사를 하는 이유는 유전으로 생기는 병이 있는지 없는지를 사전에 미리 알아내기 위해서입니다. 얼핏 생각하면 유전자 검사는 무척 좋은 일인 것처럼 여겨집니다. 미래에 어떤 병에 걸릴지를 미리 알면 그 병을 예방하려고 일찍부터 노력할 수 있으니까요. 그런데도 유전자 검사가 자꾸 논란이 되는 이유는 뭘까요? 그것은 유전자 검사와 관련해 실제 현실에서 발생하고 있거나 미래에 발생하리라고 예상되는 문제들이 그리 간단치 않기 때문입니다.

먼저 배아 유전자 검사부터 살펴보지요. 배아 유전자 검사란 어떤 부부의 정자와 난자를 인위적으로 뽑아내 배아를 만들고 나서 그 배아의 유전자를 검사하는 걸 말합니다. 그런데 이것이 요즘 위험한 길로 빠질 때가 적지 않습니다. 이를테면, 검사 결과 배아에서 질병과 관련된 유전자가 발견되면 그 배아를 그냥 버리기도 합니다. 배아를 생명체로 보는 입장에서는 어엿한 생명체를 죽이는 행위가 유전자 검사 탓에 함부로 벌어지는 거지요. 질병 유전자가 발견됐다고 해서 반드시 그 병에 걸리는 건 아닌데도 말입니다.

물론 이에 대해서는 강력한 반론이 있습니다. 유전병을 안고 태어날 아이의 미래와 그런 아이의 부모 마음을 헤아려야 한다는 게 그겁니다. 치명적인 장애와 질병으로 평생 극심한 고통에 시달리면서 살기를 원하는 사람은 이 세상에 아무도 없을 것입니다. 결국, 유전자 검사로 그런 사람과 그 가족이 겪어야 할 엄청난 고통을 사전에 없애 주는 건 좋은 일이라는 얘기지요. 이것은 두말할 나위도 없이 일리가 있는 이야기입니다.

자 그런데, 이런 생각도 해 볼 필요가 있습니다. 이런 유전자 검사가 결과적으로는 특정한 사람들, 특히 장애인에 대한 사회적 차별을 더욱 부추길 수도 있다는 게 그것입니다. 무슨 말이냐고요? 얘기인즉슨 이렇습니다. 장애를 처음부터 없애려는 유전자 검사가 널리 퍼지면 지금 장애를 안고 살아가는 사람들은 어떤 생각이 들까요? '나 같은 장애인은 본래 살아갈 가치나 의미가 없다는 것이 사회 전체의 의견이구나.' 하는 생각을 하게 되지 않을까요? 따지고 보면 우리 모두 잠재적인 장애인이라고 할 수 있습니다. 누구나, 언제든 교통사고 같은 불행한 일을 당할 수 있으니까요. 유전자 검사가 장애인에 대한 차별이나 편견을 부추기는 결과를 빚는다면 이건 잘못된 일이 틀림없습니다.

또 이런 질문도 던져볼 수 있습니다. 유전 정보를 미리 아는 게 꼭 좋고 바람직하기만 한 일일까요? 지금의 유전자 검사 기술로는 어떤 병에 걸릴 가능성만 예측할 수 있을 뿐입니다. 증상이 언제 나타날지, 병이 얼마나 심각할지 등은 알 수 없습니다. 아예 그 병에 걸리지 않을 수도 있습니다. 그 정도가 아주 미약할 수도 있고요.

문제는 유전 정보를 미리 아는 것이 어떤 부담이나 굴레로 작용할 수도 있다는 점입니다. 자기가 특정 질병 유전자를 지녔다는 것을 일찍감치 알게 되면 심리적으로 위축될 수도 있고 매사에 자신감을 잃을 수도 있지 않을까요? 사람에 따라서는 우울증에 빠질 수도 있고, 극단적으로는 삶을 미리 포기할 가능성도 배제하기 어렵습니다. 예를 들어, 어떤 사람에게 치료법도 없는 불치병에 걸릴 확률이 높다는 걸 미리 알려 주는 게 과연 바람직하기만 한 걸까요?

유전자 검사로 알아낸 유전 정보가 잘못 쓰일 수 있다는 점도 논란거리입니다. 예를 들면 보험 가입이나 취업 등을 할 때 이런 일이 일어날 가능성이 큽니다. 자, 어떤 사람이 위암에 걸릴 확률이 높은 유전자를 지니고 있다는 정보가 공개된다면 어떤 일이 벌어질까요? 보험료를 더 많이 내야 하거나, 아니면 보험회사 쪽에서 이 사람의 보험 가입 자체를 꺼리지 않을까요? 나중에 실제로 위암에 걸리면 보험회사 쪽에서 비싼 치료비를 부담해야 하니까요. 마찬가지로 취직할 때에도 불이익을 당할 가능성이 크리란 건 어렵잖게 짐작할 수 있는 일입니다.

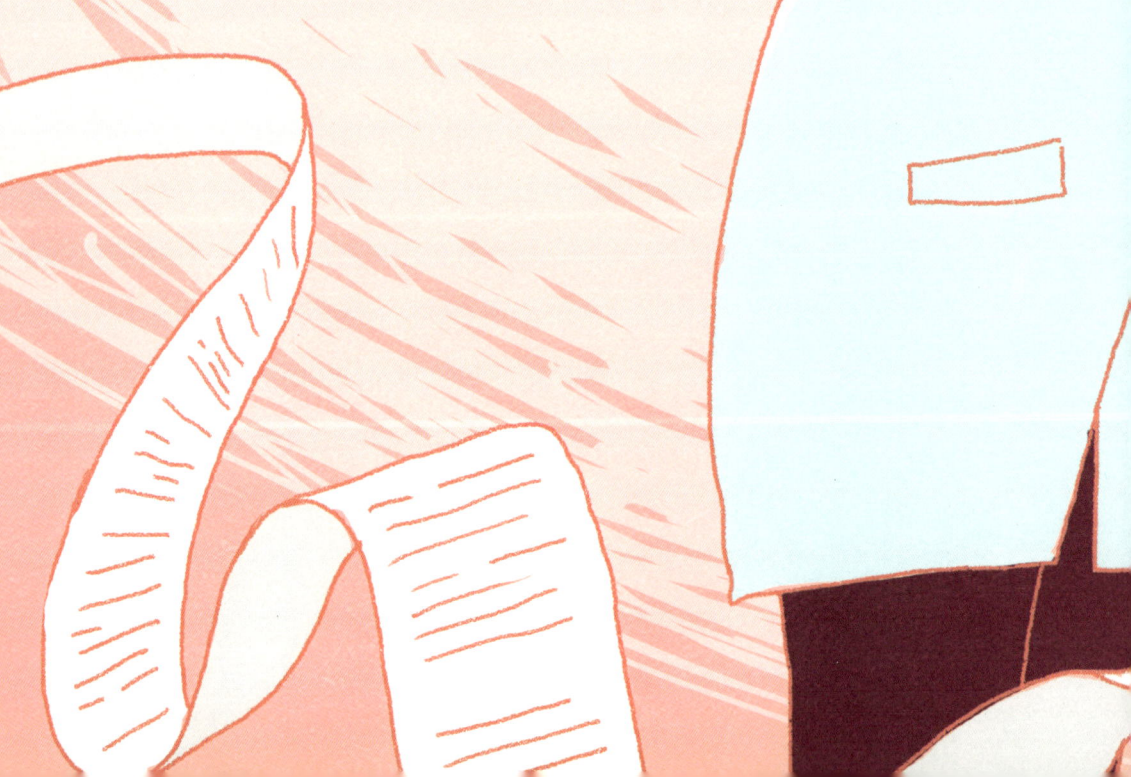

이처럼 자기 잘못이나 실수나 게으름 탓이 아니라 처음부터 어쩔 수 없이 주어진 유전자 탓에 피해를 본다면 이건 너무 억울한 일입니다. 합리적이지도 않고요. 이런 식으로 유전자 검사는 부당한 사회적 차별을 낳을 가능성이 상당히 크다고 할 수 있습니다. 설사 처음의 본래 의도는 그런 게 아니었다고 하더라도 말입니다.

유전자 검사를 넘어 유전자 조작도 큰 문제이기는 마찬가지입니다. 이를테면 '맞춤 아기'라는 말을 들어 봤나요? 맞춤 아기란 특정 유전자를 가지도록 인공적으로 조작하여 태어난 아이를 말합니다. 그러니까, 유전자 조작 기술로 사람의 능력과 관련된 유전자를 더 나은 것으로 바꿔 넣거나 새로운 것을 끼워 넣을 수도 있다는 얘깁니다. 머리를 좋게 만들어 주는 유전자, 운동을 잘하게 해 주는 유전자, 외모를 아름답게 해 주는 유전자 같은 것들이 그런 예지요.

이처럼 부모가 자기 자식에게 더 뛰어난 능력이나 외모를 갖추게 해 주려고 배아의 유전자를 조작하는 게 바로 맞춤 아기를 만드는 일입니다. 그러므로 만약 이 기술이 실현된다면 태어나기 전부터 미리 똑똑하고 건강하고 키도 크고 운동도 잘하고 얼굴도 잘생긴 아이를 '디자인'할 수 있게 됩니다. 물론 아직은 기술적 한계 탓에 본격적인 유전자 조작까지 하기는 어렵습니다. 하지만 앞으로 생명공학이 더 발전하면 진짜 맞춤 아기가 등장하지 말란 법은 어디에도 없습니다.

자, 이런 얘기를 들으니 어떤 느낌이 드나요? 혹시 나도 그런 혜택을 받을 수 있다면 좋겠다는 생각이 드는 건 아닌가요? 하지만 깊이 생각해 보면, 맞춤 아기를 만드는 것은 마치 공장에서 물건을 만드는 것처럼 사람을 인공적으로 '제작하는' 것과 비슷합니다. 만약에 맞춤 아기가 널리 퍼진다면 어떤 세상이 될까요? 그런 방식으로 사람의 능력이나 외모가 결정된다면 그건 아예 뿌리부터 불공평하고 불평등한 세상일 것입니다. 이른바 '유전자 계급 사회'가 닻을 올리게 되는 거지요.

첨단 기술인 유전자 조작을 할 수 있는 사람은 필시 돈 많은 부자일 것입니다. 그러니 결국 사회는 유전자 귀족 계급과 유전자 하층 계급으로 나누어질 수밖에 없습니다. 지배하는 계급과 지배를 받는 계급이 유전자로 결정되는 세상을 과연 사람이 살 만한 곳이라고 할 수 있을까요?

더군다나 이런 의문도 품어봄 직합니다. 순전히 인공적인 방식으로 완벽한 유전자를 갖춘 사람이 과연 진짜로 행복할까요? 행복이란 현재에 주저앉지 않고 현실을 극복하면서 뭔가를 이루어가는 성취감, 고난과 악조건을 이겨내면서 꿈과 소망을 실현해 나가는 과정을 통해서도 맛볼 수 있습니다. 열심히 노력해서 공부를 잘하게 되고 피땀 흘려 훈련한 덕분에 뛰어난 운동선수가 되는 게 사람이 살아가는 정상적인 방식입니다. 아마도 맞춤 아기는 사람이 살아가는 데 소중한 의미와 가치를 지니는 노력, 의지, 도전 같은 것들을 한낱 비웃음거리로 만들어 버릴 것입니다.

인위적인 조작과 공학적인 설계로 만들어지는 삶은 오히려 사람을 공허하고 황폐하고 의미 없는 사막으로 이끌지 않을까요? 인간을 오히려 더욱 비참한 구렁텅이로 빠뜨리지 않을까요? 생명공학이 달려가는 길에는 이런 또 하나의 위험한 함정이 도사리고 있습니다.

생명은 신비롭고 거룩하다

　이제 인간은 과학기술 발전을 지렛대 삼아 이전에는 신의 영역으로만 여겨졌던 생명 창조와 지배의 길로 성큼성큼 들어서고 있습니다. 사람이 필요로 하는 생명체를 마음대로 만들어 낼 수도 있고, 기존 생명체의 한 부분을 바꾸어 생명체를 다시 설계할 수도 있습니다. 자연에는 없는 생명을 인공적으로 만들어 내고 조작하는 데까지 거침없이 나아가고 있지요.

　어떤 사람들은 이런 기술이 인류에게 축복을 안겨 줄 거라고 낙관하기도 합니다. 이들은 오염된 강을 정화하는 기능을 갖춘 박테리아, 값싼 바이오 연료를 만들어 내는 생명체, 희귀한 약물을 값싸게 대량 생산할 수 있는 생물 공장 등과 같은 보기들을 제시합니다.

　글쎄요, 한데 과연 그렇기만 할까요? 분명한 것은, 복제 인간이나 맞춤 아기 같은 것은 우리가 지금까지 일구어온 인류 문명의 뿌리를 뒤흔드는 일이라는 점입니다. 생명공학의 바탕에는 사람이 '모든 것'을 알고 지배하고 정복하고 통제하겠다는 인간의 끝없는 탐욕과 오만이 깔려 있습니다. 그래서 여기서는 생명이 신비롭고 거룩한 존재로 여겨지지 않습니다. 인간의 필요와 욕구에 따라 마음대로 조작하고 변형해도 되는, 심지어는 죽이거나 없애도 되는 것으로 간주하지요.

　우리는 과연 어디로 가고 있는 걸까요? 오늘날 생명공학은 우리에게 삶, 죽음, 질병 등과 관련해 새롭고도 근본적인 질문을 던지고 있습니다. 생명이란 무엇일까요? 인간이란 무엇이고 또 무엇이어야 할까요? 우리는 어떤 인간이기를 바라는 걸까요? 이 책을 읽으면서 여러분도 한번 깊이 생각해 보기 바랍니다.

유전 정보는 어떻게 활용해야 할까?

　유전자 검사는 검사 결과로 나온 유전 정보를 어떻게 활용할 것인가 하는 문제와 긴밀하게 연결돼 있다. 본문에서는 주로 부정적인 방향으로 활용되는 사례들을 짚어 보았다. 하지만 다른 경우도 있다.

　먼저, 유전 정보는 범죄 수사를 할 때 결정적인 단서가 될 수 있다. 이를테면, 살인 사건이 벌어진 현장에서 범인의 것으로 보이는 담배꽁초가 발견됐다면 거기에 묻어 있는 침에서 유전 정보를 알아내 범인이 누군지를 알 수 있다. 유전 정보는 피 한 방울, 침, 머리카락, 손톱 조각 같은 것에서도 뽑아낼 수 있고, 또 오랫동안 남는다. 그래서 범인을 잡는 데 중요한 도움이 될 수 있다. 오랫동안 헤어진 가족을 나중에 찾을 때도 요긴한 구실을 할 수 있다. 아울러 국민의 유전 정보를 담은 전산 자료를 한데 모아 놓으면 여러모로 쓸모가 많을 거라는 의견도 있다. 질병의 원인을 찾아내거나, 새로운 약이나 치료법을 개발하거나, 의료 진단 기술을 발전시키는 데 활용할 수 있으리란 얘기다.

　하지만 반드시 명심할 게 있다. 이런 일들을 하려면 엄청난 양의 유전 정보를 한곳에 모아 놓고 관리해야 한다는 점이 그것이다. 현실적으로 이런 일을 할 수 있는 곳은 국가기관밖에 없다. 그런데 이렇게 되면 개인의 인권과 사생활이 침해될 가능성이 아주 커진다. 은밀한 개인 정보를 대량으로 손에 넣은 국가가 사생활에 개입할 우려가 큰 탓이다. 수사를 핑계로 수많은 사람에게 유전자 검사를 강요할 수도 있고, 그 자료를 근거로 불필요한 의심이나 차별을 할 수도 있다. 특히, 유전자 검사는 컴퓨터가 다 알아서 해 주므로 내가 원하지 않아도 다른 누군가가 원한다면 내 유전 정보를 얼마든지 손쉽게 알아낼 수 있다. 그만큼 위험하다.

개인의 유전 정보는 철저하게 보호돼야 한다. 유전 정보는 어떤 사람의 가장 근본적이고 핵심적인 정보이며, 아주 민감한 사적 정보이기도 하다. 더구나 유전 정보는 부모, 형제자매, 자식 및 후손과도 관계가 있다. 그래서 유전 정보를 국가든 누구든 함부로 수집하고 이용하는 것은 경계해야 한다. 유전 정보를 본인의 뜻과 관계없이 사용하는 건 중대한 인권 침해다.

유전 정보는 좋은 쪽으로도 나쁜 쪽으로도 활용될 수 있다. 그래서 혹시라도 유전자 검사를 할 일이 있으면 그 검사가 꼭 필요한지, 어떻게 하는 건지, 검사가 끝난 뒤 유전 정보가 제대로 보호되는지 등을 꼼꼼하게 확인하는 게 좋다. 국가에서는 유전 정보 활용과 관련한 엄격한 기준과 절차를 마련해야 한다. 특히 국가가 국민을 통제하거나 기업이 돈벌이를 추구하는 데 유전 정보가 악용되는 것은 반드시 막아야 한다.

의료 기술 발전은
사람을 행복으로
이끌까?

현대 과학기술 가운데 우리한테 아주 소중한 혜택을 안겨 주는 것 가운데 하나가 의료 기술입니다. 우리가 평소 건강을 유지하고 병에 걸려도 쉽게 치료할 수 있는 것은 현대 의학과 의료 기술의 눈부신 발전 덕분이지요. 그뿐만 아니라 옛날에 견주어 수명도 크게 늘었습니다. 특히, 이전 같으면 치료법이나 약이 없어 제대로 손도 쓰지 못한 채 죽었을 갖가지 질병도 대부분 치료할 수 있게 되었습니다. 급속한 발전을 거듭하고 있는 의료 기술은 이처럼 사람의 행복과 삶의 질을 높이는 데 톡톡히 한몫하고 있습니다.

그런데 그러는 한편에서는 예상치 못했던 부작용이나 후유증이 불거지고 있는 것도 사실입니다. 심각한 논쟁을 불러일으키기도 하고요. 그러니까, 얼핏 생각하면 무조건 바람직스럽고 좋은 일로만 여겨지기 십상인 의학과 의료 기술 발전에도 어김없이 '그늘'이 있다는 얘기지요.

의학 및 의료 기술에서 이런 이중성을 잘 보여 주는 분야로는 장기 이식, 안락사, 뇌사, 뇌 과학, 동물 실험 등을 대표적으로 꼽을 수 있습니다. 이것들도 언뜻 말만 들으면 괜히 어렵고 낯설게 여겨질지 모르겠네요. 하지만 차근차근 설명을 들어 보면 무슨 얘긴지 어렵지 않게 이해할 수 있을 것입니다. 나아가 이들 분야를 살펴봄으로써 의학과 의료 분야는 물론 현대 과학기술 전반에 대한 이해도 한층 깊어질 것입니다.

장기 이식은 무조건 좋은 걸까?

먼저 알아볼 것은 장기 이식입니다. 장기 이식이란 신장, 간, 심장, 폐 같은 신체 조직이나 장기를 다른 사람에게 이식하는 것을 말합니다. '이식(移植)'이란 옮겨서 붙이거나 심는다는 뜻이지요. 이식하는 장기에는 사람 장기뿐만 아니라 동물 장기와 인공적으로 만든 장기도 포함됩니다. 살아 있는 사람이 장기 이식을 할 때는 생명에 지장이 없는 신장, 간, 골수 등을 이식합니다. 심장, 폐, 각막 등은 보통 뇌사 판정을 받은 사람한테서 떼어 내 이식하고요.

자, 뇌사라는 좀 어려운 말이 나왔는데 이게 뭘까요? '뇌사(腦死)'란 말 그대로 뇌가 죽은 것을 말합니다. 일반적으로 갑자기 사고를 당해서 뇌가 돌이킬 수 없는 손상을 입은 경우를 가리키지요. 전체 사망자의 1% 정도를 차지하는데, 뇌사가 일어나는 주된 원인은 교통사고, 약물 중독 등입니다. 우리나라에서는 해마다 2,500명가량 뇌사자가 발생하는 것으로 알려졌지요. 장기 이식의 필요성 때문

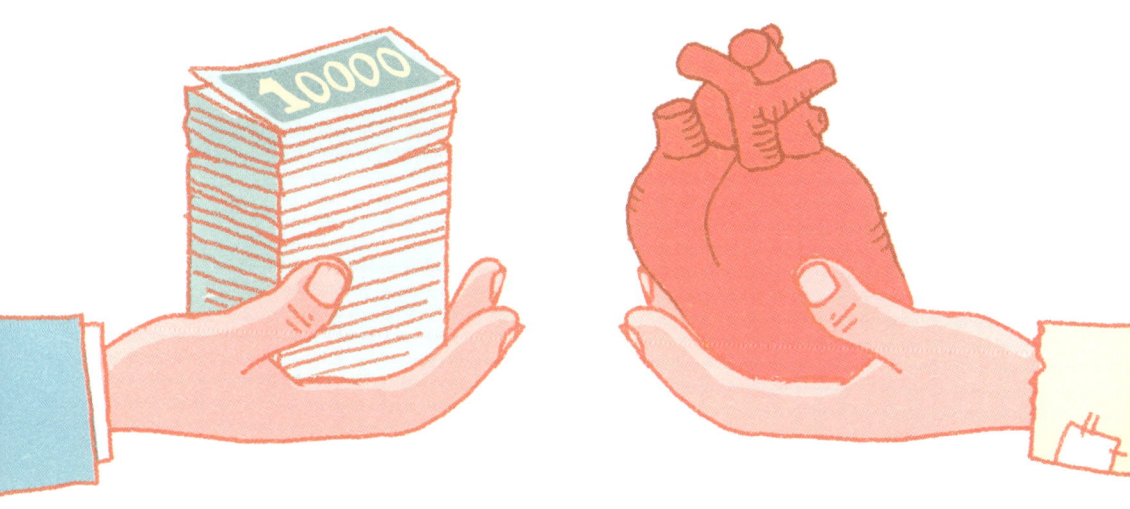

에 뇌사를 죽음으로 인정하는 것이 최근 흐름입니다. 하지만 뇌사한 사람을 과연 완전히 죽은 사람으로 볼 수 있는지를 둘러싸고 논쟁이 벌어지곤 합니다.

뇌사를 둘러싼 논쟁

전통적으로 죽음이란 심장이 멎고 호흡이 멈추는 것이었다. 이런 죽음의 개념을 다시 고민하게 만든 계기는 심장 이식 수술의 성공이었다. 심장은 사람이 살아 있을 때 떼어 내야만 활용할 수 있다. 한데 이는 살인과 다를 바 없다. 그래서 심장이 멎은 것이 아닌 다른 죽음의 개념이 필요해졌다. 뇌 기능이 돌이킬 수 없이 완전하게 멈춘 상태를 뜻하는 뇌사 개념은 이렇게 태어났다.

사람 몸은 뇌가 기능을 멈추어도 며칠 정도는 심장이 뛸 수 있다. 인공호흡기로 강제 호흡을 시키면 숨도 쉴 수 있다. 물론 뇌사 뒤 대개 열흘에서 2주 정도 지나면 거의 모든 뇌사자는 필연적으로 심장도 멎는다. 인공호흡기를 제거하면 3~10분 안에 사망한다. 하지만 뇌사 상태에서도 여전히 숨을 쉬고 심장이 뛰기 때문에 차마 죽었다고 받아들이기 어려울 수도 있다. 그래서 뇌사는 의사 등 전문가의 엄격한 판정을 거쳐야 한다.

뇌사 반대자들은 뇌사는 부분적으로만 죽은 것이며, 죽음에 이르는 전체 과정에서 마지막에 가까운 하나의 단계일 뿐이라고 주장한다. 또 뇌사 판정이 완벽하게 정확할 수 없다는 반론도 있다. 하지만 뇌사를 죽음의 한 기준으로 인정하자는 목소리가 힘을 얻고 있는 건 사실이다. 비단 장기 기증을 위해서가 아니더라도, 의료비가 필요 이상으로 너무 많이 들고 죽음을 앞둔 당사자와 가족이 겪는 엄청난 고통을 줄이는 차원에서도 뇌사를 인정해야 한다는 주장이 커지고 있다.

그래서 대부분 나라에서 뇌사는 죽음으로 인정된다. 우리나라에서는 장기 기증을 전제로 하는 경우에만 뇌사를 죽음으로 인정받을 수 있다. 뇌사를 둘러싼 이런 논란을 보면 의학 및 의료 기술, 곧 과학기술 발전이 삶과 죽음의 개념 자체를 바꾸기도 한다는 사실을 다시 한 번 확인할 수 있다.

장기 기증자 기증 형태별 추이(질병관리본부 장기이식관리센터)

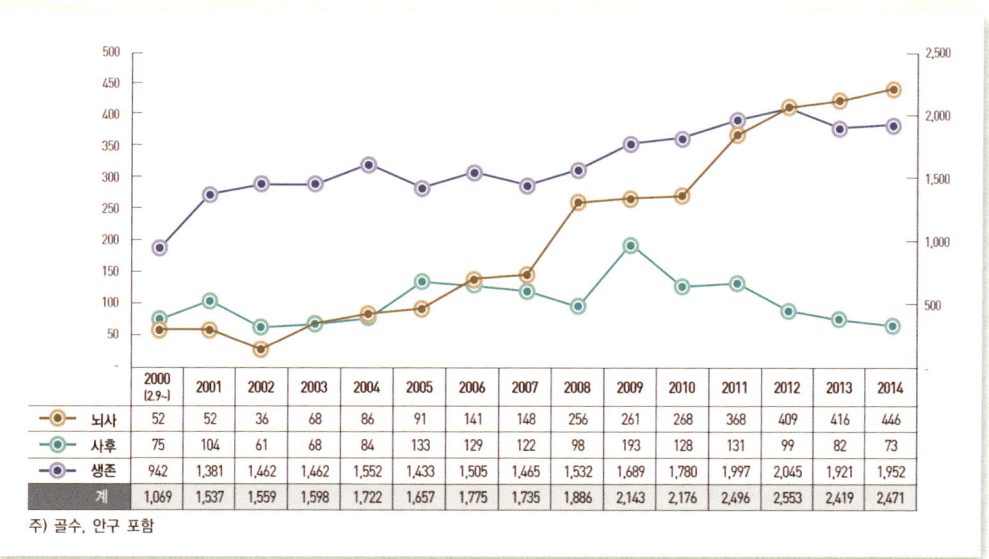

	2000 (2.9~)	2001	2002	2003	2004	2005	2006	2007	2008	2009	2010	2011	2012	2013	2014
뇌사	52	52	36	68	86	91	141	148	256	261	268	368	409	416	446
사후	75	104	61	68	84	133	129	122	98	193	128	131	99	82	73
생존	942	1,381	1,462	1,462	1,552	1,433	1,505	1,465	1,532	1,689	1,780	1,997	2,045	1,921	1,952
계	1,069	1,537	1,559	1,598	1,722	1,657	1,775	1,735	1,886	2,143	2,176	2,496	2,553	2,419	2,471

주) 골수, 안구 포함

사람 장기를 이식하는 것은 오늘날 그다지 특별할 것 없는 수술로 굳어져 가고 있습니다. 처음엔 거부 반응이 골칫거리였지요. 다른 사람의 몸에 있던 것을 옮겨 심는 것이 장기 이식이니, 이는 당연한 일입니다. 하지만 이를 해결할 수 있는 약품들이 속속 개발되면서 지금은 큰 문제가 되지 않습니다.

가장 큰 어려움은 장기가 필요한 사람은 많은 데 반해 제공되는 장기는 턱없이 모자란다는 점입니다. 장기 기증자, 즉 장기를 제공하려는 사람이 많지 않으니까요. 그래서 자기한테 장기가 제공될 순서를 애타게 기다리다가 죽음을 맞이하는 사람도 적지 않습니다. 동물 장기 이식 기술과 인공 장기를 개발하려는 노력이 계속되는 이유가 여기에 있지요.

그런데 여러분, '장기 이식' 하면 어떤 생각이 드나요? 아주 좋은 일이라고 여겨지지 않나요? 장기가 망가진 사람들의 고통을 줄여 주고 죽어 가는 사람을 살리기도 하니까요. 그래서 장기를 기증하는 것은 '용기 있는 선행'이자 '숭고한 자기희생'으로 널리 칭찬받기도 합니다.

그런데도 장기 이식이 자꾸 논란이 되는 이유는 뭘까요? 자, 먼저 이런 상황을 한번 떠올려 보지요. 만약 내 부모나 형제자매가 장기 이식을 받지 않으면 생명이 위태로울 경우 어떻게 해야 할까요?

아마도 이럴 때 많은 사람이 특별한 사정이 없으면 장기를 기증하려 할 것입니다. 가족에 대한 사랑이나 정, 또는 의무감이나 책임감은 다른 어떤 것보다 앞서기 마련이니까요. 한편으로는, 만약에 장기를 기증하지 않았는데 부모님이 덜컥 돌아가시기라도 하면 주변에서 비난이나 따가운 시선이 쏟아질 가능성도 배제하기 어렵고요.

하지만 장기 이식은 결코 간단한 일이 아닙니다. 장기를 이식해도 아무런 소용이 없거나, 이식 과정에서 큰 위험이 생기거나, 이식 뒤 심각한 문제가 발생할 수도 있습니다. 그래서 무작정 가족을 위해 희생하고 헌신하려는 마음만 앞세우는 게 늘 현명한 행동으로 이어지는 건 아닙니다. 장기 이식을 하려는 사람은 장기 이식 수술에 관련된 모든 정보를 충분히 이해하고 난 뒤 신중하고 지혜롭게 결정을 내리는 게 좋지요.

살아 있는 사람이 아닌 뇌사자의 장기 기증이 많이 늘어나는 게 중요한 까닭의 하나도 여기에 있습니다. 더 쉽게 장기를 구할 수 있으면 무리하고 위험한 장기 기증을 막을 수 있으니까요. 안타깝게도 우리나라의 뇌사자 장기 기증 비율은 10%도 채 되지 않습니다. 세계적으로 부끄러울 지경이지요. 80~90%에 이르는 나라들도 더러 있는데 말입니다. 우리나라가 이렇게 된 데에는 죽은 사람의 몸을 함부로 훼손해서는 안 된다는 오래된 고정관념이 아직도 완강하게 남아 있는 탓이 가장 큽니다.

하지만 장기 기증에서 가장 큰 문제가 되는 것은 뭐니 뭐니 해도 장기 매매입니다. 필요한 장기가 턱없이 모자라다 보니 장기를 돈으로 사고파는 일이 벌어진다는 얘기지요. 두말할 필요도 없이 사람 몸은 무슨 값을 매겨서 사고파는 상품이 아닙니다. 사람의 몸 일부를 사고판다는 것은 그 자체로서 인간의 존엄성과 인권, 생명권을 해치는 짓입니다.

또한, 익히 짐작할 수 있듯이 장기를 팔겠다고 나서는 사람은 극심한 가난에 시달리는 사람일 가능성이 큽니다. 생존의 벼랑 끝으로 내몰리지 않고서야 자기 몸의 일부를 떼어내 팔려는 사람은 없을 테니까요. 또 장기 매매 과정에서 강요, 협박, 조작 같은 일도 얼마든지 벌어질 수 있습니다. 장기가 돈벌이 수단이 되면 인신매매 같은 범죄에 악용될 수도 있고요.

동물 장기를 개발하려는 노력이 계속돼 온 이유가 여기에 있습니다. 장기 부족 문제를 해결할 가장 좋은 방도니까요. 사람에게 장기를 제공할 수 있는 가장 유력한 동물로는 돼지가 손꼽힙니다. 여러 가지 측면에서 사람 장기를 대체하기에 가장 적절해서지요. 돼지는 태어난 지 100일가량 되면 새끼를 낳을 수 있고 그 수도 10마리 정도나 됩니다. 완전히 자라기까지 걸리는 시간도 6개월이면 충분하고요. 장기를 빨리, 그리고 많이 얻을 수 있다는 얘기지요. 또한, 다 자란 돼지는 몸무게가 100kg 정도 되는데, 이때 장기 크기도 사람에게 적당한 것이 된다고 합니다.

그런데 동물 장기 개발에는 여러 가지 골치 아픈 문제들이 가로놓여 있습니다. 우선은 돼지 장기를 사람에게 이식하면 거부 반응을 일으킬 가능성이 아주 큽니다. 물론 거부 반응을 일으키지 않도록 유전자 조작된 장기 이식용 돼지가 개발되긴 했습니다. 하지만 아직 해결해야 할 문제가 많이 남아 있어서 일반 사람들이 언제 널리 사용할 수 있을지는 예측하기 어려운 게 현실입니다.

더 큰 문제는 동물이 사람에게 무서운 전염병을 옮길 수도 있다는 점입니다. 이 문제는 개인 차원에서 끝나지 않을 수도 있기에 더욱 심각합니다. 그런 동물 전염병이 장기 이식 환자를 통해 널리 퍼지거나, 아직 알려지지 않은 새로운 전염병이 발생할 수도 있다는 얘기지요. 동물 장기를 연구하고 개발하는 과정에서 동물이 지나치게 학대당하는 문제도 생각해 볼 대목입니다. 독물 같은 걸 주입받기도 하고, 암에 걸리기도 하고, 해부를 당하기도 하고, 유전자 조작을 당하기도 하니까요.

그래서 개발한 것이 인공 장기입니다. 지금 개발됐거나 연구하고 있는 인공 장기 종류로는 심장, 신장, 간, 피부, 혈액, 혈관, 각막,

뼈 등이 있습니다. 실제로 사용되고 있는 건 인공 신장과 인공 심장 정도고요. 이런 인공 장기들이 꼭 필요한 사람들에게 적절하게 사용된다면 바람직할 것입니다. 하지만 그렇다고 해서 인공 장기에는 아무런 문제가 없을까요?

먼저 지적할 것은, 인공 장기가 인체 장기의 성능이나 기능을 온전히 대신할 순 없다는 점입니다. 영구적으로 쓰기 어렵고, 무겁기도 하고, 값도 매우 비싸고, 자기 몸에 딱 들어맞기도 쉽지 않지요. 그래서 인공 장기는 모든 환자에게 사용하기 어렵고, 다른 사람한테서 진짜 사람 장기를 기증받을 때까지 일시적으로 사용될 때가 많은 편입니다.

또 하나, 인공 장기가 사람이 본래 타고난 능력이나 신체 기능을 인위적으로 개선하는 데 사용될 수 있다는 점도 짚어 볼 대목입니다. 예를 들어, 인공 근육으로 힘이 엄청나게 강해진 팔다리, 적외선이나 자외선을 감지할 수 있는 인공 눈, 멀리서 들리는 아주 작은 소리도 들을 수 있는 인공 귀, 성능을 크게 높인 인공 심장 같은 게 개발된다면 어떤 일이 벌어질까요? 아마도 세상은 그런 것들을 살 수 있는 사람과 그럴 수 없는 사람으로 나뉘게 될 것입니다. 그렇게 되면 돈 많은 사람은 남들보다 훨씬 더 뛰어난 능력과 특수 기능을 아주 손쉽게 몸에 지닐 수 있게 되겠지요. 반면에 가난한 사람들은 그저 태어날 때부터 주어진 조건에 만족하며 살아야 할 테고요. 누가 돈을 더 많이 갖고 있느냐에 따라 신체 능력이 결정되는 세상이 우리가 살고 싶은 곳일까요?

물론 인공 장기 개발은 절실하게 필요한 여러 장기를 더 손쉽게 얻고자 하는 좋은 뜻에서 비롯하였습니다. 하지만 앞에서도 강조했듯이, 기술이라는 것은 한번 개발되면 애초 의도와는 관계없이, 때로는 애초 의도와는 반대 방향으로, 스스로 제 갈 길을 가는 속성을 피하기 어렵습니다.

예컨대 성형 수술만 해도 그렇습니다. 여러분, 성형 수술이 맨 처음에 왜 생겨났는지 알고 있나요? 본래 성형 수술은 전쟁에서 크게 다친 군인이나 태어날 때부터 기형이 있는 사람들을 위해 하는 것이었습니다. 하지만 지금은 멀쩡한 외모를 갖추고 있으면서도 단지 더 예쁘고 아름답게 보이려는 미용 목적으로만 성형 수술을 할 때가 훨씬 더 많지요. 하나의 기술이 본래 의도에서 벗어나 자기만의 길을 걸어간 결과입니다. 장기 이식 문제도 이런 관점에서 되살펴 볼 필요가 있습니다.

죽음에 관한
새로운 질문,
안락사

　다음은 안락사 이야기입니다. 용어 자체가 좀 낯설게 들릴지도 모르겠는데, 안락사는 최근 우리나라는 물론 세계적으로도 뜨거운 논란거리로 떠오르고 있습니다. 안락사란 어떤 사람이 돌이킬 수 없는 죽음의 단계에 이르렀을 때 단순히 생명을 연장하기 위한 치료, 즉 연명 치료를 그만두거나, 아니면 약물 같은 것을 주입해 죽음에 이르게 하는 걸 말합니다.

　환자 본인이나 가족의 요청에 따라 생명 유지에 꼭 필요한 영양 공급, 약물 투여, 인공호흡 등을 중단함으로써 죽게 하는 것은 '소극적 안락사'라고 합니다. 흔히 '존엄사'라 부르기도 하지요. 의미 없이 고통스럽게 목숨만 유지하기보다는 존엄하게 죽음을 선택한다는 뜻에서 이런 이름이 붙었습니다. 이에 견주어 약물 같은 걸 주입해 인위적으로 죽음에 이르게 하는 건 '적극적 안락사'라고 합니다. 대부분 나라에서 적극적 안락사는 허용하지 않지만, 소극적 안락사는 때에 따라 허용하고 있지요.

자 그럼, 이런 안락사가 등장하게 된 배경은 뭘까요? 잘 알다시피 옛날에는 큰 병에 걸리거나 사고 같은 것을 당해 아주 위급한 상태에 빠지면 얼마 못 가 죽을 때가 많았습니다. 하지만 요즘은 그런 상황에 놓이더라도 의학 기술과 첨단 장비 발달로 몇 달, 심지어 몇 년을 생존하기도 합니다. 하지만 그렇다고 해서 병이 치료되거나 상태가 나아지는 게 아니라 생명만 간신히 지탱할 때가 많습니다. 그 탓에 의료비가 감당할 수 없을 만큼 많이 늘어날 때도 잦습니다. 죽음의 고비를 넘기고 생명을 연장하려면 값비싼 치료를 하거나 첨단 장비를 써야 하니까요.

안락사가 등장하게 된 배경이 여기에 있습니다. 오랫동안 고통으로 몸부림치다 죽거나 아무런 의미 없이 근근이 목숨만 이어가다 죽을 바에야, 그리고 그런 상태에서 가족을 비롯한 주변 사람들에게도 경제적 부담이나 병간호 등으로 큰 희생을 안길 바에야, 차라리 품위 있게 일찍 죽는 게 낫다는 생각을 하게 됐다는 얘기지요. 죽음

의 시점이나 방법을 스스로 선택하고 결정하겠다는 생각이 널리 퍼진 것도 안락사의 배경 가운데 하나입니다. 자기 몸, 자신의 삶과 죽음에 대한 결정권을 스스로 행사하겠다는 거지요.

중요한 것은, 안락사는 사람의 죽음과 직결된 문제여서 윤리, 종교, 법, 의학 등과 같은 여러 측면에서 격렬한 논쟁을 불러일으키고 있다는 점입니다. 충분히 짐작할 수 있듯이, 가장 뜨거운 쟁점은 '안락사는 살인인가, 아닌가?' 하는 것입니다.

먼저, 안락사를 반대하는 쪽의 의견을 들어볼까요? 이들은 안락사를 한마디로 '가면을 쓴 살인'이라고 규정합니다. 적극적 안락사든 소극적 안락사든 살아 있는 사람을 죽게 한다는 점에서는 다를 게 없다는 거지요. 또 예를 들어, 환자 가족들이 경제적인 부담이 너무 커서 혹은 유산 상속이나 보험금 같은 것에 대한 욕심으로 안락사를 요구할 수 있다는 얘기도 합니다. 환자 본인의 의사가 무시될 수도 있다는 거지요. 이들은 또한, 안락사가 고통을 없애 주는 건 사실이지만 많은 환자가 살아 있다는 것 자체를 소중히 여긴다는 걸 잊어선 안 된다고 주장합니다. 아무리 죽음을 앞두고 있다 하더라도 살고자 하는 강렬한 욕구는 얼마든지 있을 수 있으니까요.

안락사가 허용되고 널리 퍼지면 사회적인 부작용이 심각하게 불거질 거라는 우려도 나옵니다. 이를테면, 안락사를 일단 허용하고

나면 안락사가 너무 쉽게 시행될 가능성이 커질 수도 있다는 겁니다. 그래서 안락사를 허용하면 생명의 가치를 가볍게 여기는 풍조가 퍼지리라는 전망을 하기도 하지요.

한편에서는, 안락사를 자유롭게 할 수 있게 되면 병원이나 요양소 같은 곳의 노약자들에 대한 사회적 시선이 바뀔 것이라고 지적하는 사람들도 있습니다. 그러니까, 이들을 치료하고 돌보는 데 사회적 비용이 많이 들므로 좀 빨리 죽어 줬으면 하는 은근한 심리적 압박 같은 게 가해질 수도 있다는 거지요. 이는 곧, 사회적으로 쓸모없다고 여겨지는 사람들에 대한 차별이나 편견이 안락사 탓에 더 깊어질 수도 있다는 염려로 연결됩니다.

자 그렇다면, 이런 의견에 대해 안락사를 찬성하는 사람들은 어떤 주장을 펼까요? 우선 이들은, 안락사는 돌이킬 수 없는 죽음을 앞둔 환자의 고통을 해결해 줄 수 있는 효과적인 방법이라고 얘기합니다. 안락사가 살인이라는 주장에 대해서는 겉모습만 보고 판단해서는 안 된다고 반박하고요. 살인은 죽은 사람이 죽기를 원해서 일어나는 게 아닙니다. 더구나 살인은 살인을 한 사람의 분노, 탐욕, 복수심, 원한 같은 이유로 일어나는 범죄지요. 그러므로 본인 스스로 죽음을 선택하는 안락사와는 완전히 다르다는 겁니다.

이런 문제도 제기할 수 있습니다. 스스로 죽음을 선택하는 자발적인 안락사는 자살이 아닐까요? 이런 의문에 대해 찬성론자들은, 안락사가 자살과 비슷해 보이는 건 사실이지만 실제 내용은 많이 다르다는 주장을 펼칩니다. 이들의 견해에 따르면, 자살이란 힘들고 절망적인 현실을 이겨 나갈 수 있음에도, 그러니까 미래의 가능성이나 희망이 열려 있는데도 그걸 완전히 포기해 버리는 것입니다. 이에 반해 안락사는 회복될 수 있으리라는 미래의 가능성이나 희망이 완전하고도 최종적으로 닫혀 있을 때 어쩔 수 없이 선택하는 것입니다. 그만큼 이 둘은 질적으로 다르다는 얘기지요.

무엇보다 찬성론자들이 중요하게 여기는 건 당사자 입장입니다. 원하지 않는 치료나 불필요한 생명 연장 조치를 거부할 권리, 언제 어떻게 죽을지를 결정할 권리는 어디까지나 환자 본인한테 있다는 것이 이 주장의 핵심입니다. 안락사가 가족들의 유산 상속이나 보험금 욕심과 같은 불순한 의도로 잘못 시행될 수 있다는 주장에 대해서도, 찬성론자들은 실제 현실에서 그런 일은 거의 일어나지 않는다고 반박합니다. 그렇다고 해서 이들이 안락사가 낳을 부작용이나 후유증을 전적으로 부정하는 건 아닙니다. 다만 그런 문제는 법이나 제도, 정책 등을 세심하고 엄격하게 잘 만들어 운영하면 최소한으로 줄일 수 있다는 견해를 밝히지요.

자, 논쟁의 세부 내용을 들어 보니 어떤가요? 생각을 정리하기가 쉽지 않나요? 어떻든, 최근의 세계적 추세는 죽음에 대한 자기 결정권을 중시하는 쪽으로 흘러가고 있는 건 사실입니다. 특히 소극적인 안락사에 대해서는 대체로 인정하는 방향으로 기울고 있지요.

의학과 의료 기술의 발전이 없었다면 안락사 논쟁은 애당초 벌어지지도 않았을 것입니다. 이처럼 현대 과학기술의 눈부신 발전은 우리 삶의 다양한 영역에서 새로운 고민과 논쟁을 끊임없이 불러일으킵니다. 안락사처럼 생명과 죽음의 문제와 직결된 경우는 그것이 더욱더 격렬할 수밖에 없지요. 우리는 안락사 이야기에서도 현대 과학기술의 다채로운 발전 양상에 끊임없이 관심을 기울여야 할 또 하나의 까닭을 찾아볼 수 있습니다.

신기하고 놀라운 뇌 과학 이야기

좀 전에 얘기한 인공 장기 문제와 마찬가지로, 신체의 능력이나 기능 향상과 관련해 주목해야 할 또 다른 분야는 뇌 과학입니다. 뇌 과학이란 사람의 의식, 정신, 마음, 기분 같은 것들이 어떻게 만들어지고 작동하는지, 우리가 뭔가를 생각하고 판단하고 기억하고 느끼는 데에는 어떤 인체 작용의 비밀이 숨어 있는지를 뇌를 통해 탐구하는 첨단 학문입니다.

과학자들이 뇌에서 벌어지는 일을 알게 된 것은 1990년대에 뇌가 어떤 구조로 이루어져 있고 어떻게 활동하는지 등을 알아낼 수 있는 첨단 뇌 영상 촬영 기술이 개발된 덕분입니다. 이전엔 마음, 감정,

기분 같은 정서적인 것들은 주관적이고 모호해서 과학적인 연구 대상이 아니었습니다. 하지만 뇌 과학은 이런 것들도 생각, 추리, 판단, 기억 같은 이성적인 활동과 마찬가지로 뇌와 깊은 관계가 있다는 걸 밝혀냈습니다.

그럼 먼저, 뇌 과학이 어떤 일을 할 수 있는지부터 살펴볼까요? 우선, 뇌 과학은 치매 같은 심각한 뇌 질환이나 정신 질환을 치료할 가능성을 열어 주고 있습니다. 뇌의 어느 부위가 어떻게 손상되어 이런 질환이 생겼는지를 알아낼 수 있게 된 덕분이지요.

뇌 과학이 더욱 발전하면 뇌의 활동 상태에 따라 주파수가 달라지는 뇌파의 특성을 이용해 머릿속 생각만으로 컴퓨터나 로봇 같은 기계를 조종할 수도 있습니다. 예를 들면, 마우스나 키보드 없이도 생각만으로 컴퓨터 게임을 즐길 수 있게 된다는 얘기지요. 몸을 움직이지 못하는 환자가 생각만으로 휠체어를 운전할 수도 있고, 팔다리가 마비된 사람이 외부의 로봇 팔을 자기 뜻대로 움직일 수도 있습니다. 이런 기술이 더 발달하면 어쩌면 손을 쓰지 않고 단지 생각만으로 자동차를 운전할 수 있게 될지도 모르지요.

뇌 과학은 마음과 꿈을 읽어 내기도 하고, 뇌의 기능이나 능력을 높일 수도 있습니다. 기억력, 집중력, 계산력, 추리력, 언어 능력 같은 것들을 뇌 과학의 힘으로 크게 높일 수 있다는 얘기지요. 끔찍한 기억을 없애 줄 수도 있고, 반대로 까맣게 잊었던 기억을 다시 되살려 줄 수도 있습니다.

범죄 수사에도 도움이 될 수 있습니다. 이를테면 뇌 과학의 도움으로 거짓말 탐지기의 성능을 크게 높일 수 있습니다. 범인으로 여겨지는 사람의 얘기가 참인지 거짓인지를 이전보다 훨씬 더 정확하게 가려낼 수 있게 된다는 얘기지요. 이것은 거짓말을 할 때와 참말을 할 때 사람 뇌에서 기능이 활발해지는 부위가 다르다는 사실을 활용한 것입니다. 뇌 과학은 심지어 어떤 사람의 정치적·도덕적 성향을 알아내기도 합니다. 신앙이나 종교의 뿌리를 뇌에서 찾으려는 시도도 이루어지고 있고요. 이처럼 뇌 과학은 그동안 신비의 장막에 가려 있던 뇌의 비밀을 한 꺼풀씩 벗겨내면서 공상과학 영화나 소설에서나 볼 수 있던 일들을 현실에서도 이루어내고 있습니다.

그렇다면 뇌 과학에는 긍정적인 측면만 있을까요? 그건 아닙니다. 먼저, 뇌 과학은 정상적인 사람의 멀쩡한 뇌를 인위적으로 더 뛰어나게 만들자고 부추기는 쪽으로 흘러갈 위험이 큽니다. 실제로 뇌 개조가 늘어나면 모든 사람이 남보다 우수한 두뇌를 가져야 한다는 강박관념에 시달리게 되지 않을까요? 그러면서 정상적인 사람도 자꾸 뒤떨어진 사람으로 여기는 사회 분위기가 만들어지지 않을까요? 그 결과 사회적인 불평등과 차별도 더욱 깊어질 가능성이 큽니

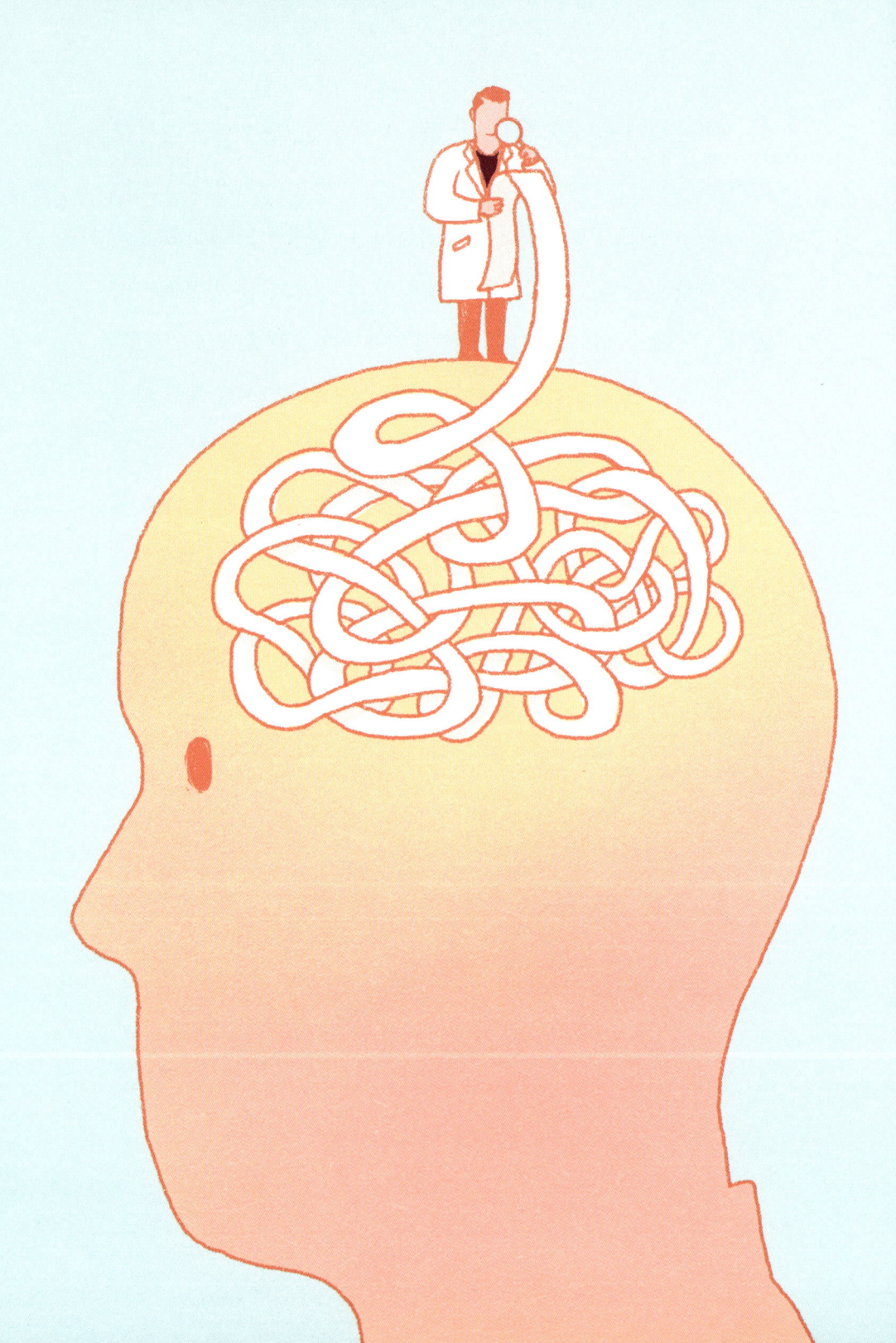

다. 뇌를 개조할 경제적 능력을 갖춘 사람들이 모든 면에서 앞서가고, 그러지 못한 사람들은 진학이나 취업 등 여러 가지 측면에서 피해를 보게 될 테니까요.

뇌 과학은 새로운 약도 만들어 내고 있습니다. 이른바 '똑똑해지는 약'이 대표적입니다. 얼핏 생각하면, 공부를 더 잘하게 해 주고 더 똑똑하게 해 준다는 이런 약을 먹지 않을 이유가 없을 것처럼 여겨질지도 모릅니다. 하지만 과연 그럴까요? 이런 약을 수많은 사람이 사용하게 되면 모든 사람이 약의 '노예'가 될 수 있습니다. 먹고 싶지 않아도 먹을 수밖에 없는 상황이 수시로 벌어질 수도 있고요. 예를 들어 학교 교사들은 이해 능력이 뛰어난 학생을 원하기 마련이니까요. 회사 사장들도 직원들의 업무 이해 능력이 우수하기를 바랄 테고요. 이렇게 되면 사회 전체적으로 이런 약을 먹으라고 강요하는 분위기가 만들어질 수도 있습니다. 그 결과 약을 먹지 않은 사람은 뒤떨어진 사람으로 낙인찍히게 될지도 모르지요.

무엇보다 약을 먹어서 똑똑해진 사람을 제대로 똑똑하다고 볼 수 있을까요? 과학기술의 발전으로 똑똑해진 것은 사람이 아니라 약입니다. 사람은 그저 똑똑한 약의 효능을 잠깐 빌리는 것에 지나지 않지요. 진짜 중요한 것은 자신의 노력으로 똑똑해지는 게 아닐까요?

또한, 좀 전에 뇌 과학이 거짓말 탐지기 성능을 높여 준다는 얘길

했는데 이에 대한 반론도 만만치 않습니다. 거짓말을 손쉽게 알아내는 기술이 널리 퍼진다면 세상은 어떻게 될까요? 사람들이 더는 거짓말을 하지 않게 될까요? 거짓말이 사라지면 정말 좋은 세상이 되는 걸까요? 행복하고 바람직한 삶이 오로지 참말만으로 이루어지는 걸까요? 거짓말이 허용되지 않는다면 각 개인의 내밀한 사생활은 어떻게 보장받을 수 있을까요? 거짓말이라는 게 아무런 가치나 의미도 없는 걸까요? 곰곰이 되짚어볼 질문들입니다. 여러분 생각은 어떤가요?

뇌 과학으로 만들어진 개인의 뇌 정보가 인권과 사생활을 침해할 가능성이 크다는 점도 문제입니다. 내가 무슨 생각을 하고 어떤 마음을 먹는지 남이 안다고 생각해 보세요. 정말 끔찍하죠? 이런 정보를 누가 어떻게 만들며, 누가 어떤 방식으로 이용하는지에 따라 아주 위험한 일이 생길 수도 있습니다. 심지어 뇌 과학을 악용하면 다른 사람의 기억을 훔치거나 조작하는 일도 일어나지 말란 법이 없지요.

더욱 근본적으로는 이런 질문도 던질 수 있습니다. 인간의 마음, 의식, 감정, 기분, 정신활동 같은 것들을 모조리 뇌의 활동으로 돌리는 건 너무 지나치지 않을까요? '인간=뇌'는 아니니까요. 양심, 윤리, 의지, 사랑, 우정 같은 것들마저도 모두 뇌의 산물일 뿐이라면 그건 인간을 너무 기계적이고 물질적인 것으로만 이해하는 게 아닐까요? "마음을 뇌세포로 설명할 수 없는 것은 춤을 근육으로 설명할 수 없는 것과 마찬가지다."라는 말도 있듯이 말입니다.

그래서 모든 걸 뇌 중심으로만 볼 게 아니라 뇌와 몸과 환경, 그리고 다른 사람과의 관계에서 이루어지는 상호작용 전체를 보는 게 더 중요할 듯싶습니다. 이 얘기는 앞에서 살펴본 유전자 중심 생명공학에도 마찬가지로 적용됩니다. 사람의 성격, 병, 행동 같은 것들이 모조리 유전자에 따라 결정된다고 여기는 것은 지나치게 단순하고 기계적인 생각이라는 거지요.

오늘날 뇌 과학은 뇌의 비밀과 인간의 신비를 밝혀 주고 있습니다. 하지만 뇌 과학은 다른 과학기술이 그러하듯이 '양날의 칼'을 동시에 지니고 있습니다. 그래서 지금은 뇌 과학을 개인적으로든 사회적으로든 좋은 쪽으로 잘 활용할 수 있는 방도를 더욱 깊이 고민해야 할 때가 아닌가 싶습니다. 21세기 과학기술에 던져진 또 하나의 중요한 숙제가 이것입니다.

동물 실험: 해야 할까, 말아야 할까?

현대 의학과 의료 기술 발전에 크게 이바지한 것 가운데 하나가 동물 실험입니다. 동물 실험이란 동물을 대상으로 다양한 실험을 하고 그 결과로 나타나는 동물의 반응을 관찰하고 측정하고 분석하는 것을 말합니다. 의약품과 치료법은 물론 화장품, 농약, 식품 등을 새로 개발할 때 이것들이 얼마나 효능이 있는지, 사람 몸에 어떤 영향을 미치는지 등을 미리 알아보려고 동물 실험을 활용해 왔지요.

동물 실험이 널리 퍼지면서 요즘은 아예 다양한 종류의 실험동물을 '생산'하고 있습니다. 실험의 정확도나 신뢰도를 높이려고 특정 조건에서 같은 반응을 보일 수 있도록 유전적으로 같은 상태의 동물을 대량으로 번식시키고 사육하는 방법을 고안해 낸 거지요. 실험용으로 쓰이는 쥐, 기니피그, 햄스터, 토끼 등이 대표적입니다.

이렇게 '생산'되어 1년 동안 동물 실험으로 희생되는 동물은 전 세계적으로 무려 1억 마리에 이릅니다. 우리나라만 해도 160만 마리가 넘고요. 이처럼 동물 실험이 널리 이루어지다 보니 최근 들어 동물 실험을 반대하는 목소리가 갈수록 높아지고 있습니다. 이들의 주장은 간단명료합니다. 동물 실험은 동물 학대이고, 활용 가치도 낮다는 게 그것입니다.

먼저 동물 학대에 관한 얘기를 들어 보지요. 쥐의 경우 실험이 끝난 뒤 쓸모가 없어지면 허리를 부러뜨려 죽인다고 합니다. 이는 물론 사람 입장에서는 가장 값싸고 손쉬운 처리 방법이겠지요. 하지만 동물에게는 가장 큰 고통을 강요하는 짓입니다. 또 토끼를 플라스틱 상자에 넣어 고정한 뒤 목만 내놓게 한 채 화장품이나 샴푸 같은 실험 재료를 토끼 눈에 계속해서 넣는다고도 합니다. 기니피그 같은 동물의 털을 깨끗이 깎아 버리고 맨피부에 실험 물질을 바른 뒤 피부가 어떻게 변하는지, 얼마나 상하는지 등을 알아보기도 하고요. 마취제도 없이 이런 실험을 하는 탓에 강제로 실험을 당하는 동물들은 엄청난 고통에 시달릴 수밖에 없습니다. 이처럼 오로지 인간의 이익을 위해서 동물을 잔인하게 다루는 것은 잘못이라는 게 이들의 주장입니다.

  반대쪽이 내놓는 또 한 가지 중요한 주장은, 실상을 알고 보면 동물 실험의 쓸모가 그다지 크지 않다는 것입니다. 이들에 따르면, 사람이 걸리는 3만여 가지 질병 가운데 동물도 걸리는 질병은 단 1.16%에 지나지 않습니다. 그러니까 동물 실험이 성공하더라도 그 결과가 사람에게도 성공적으로 적용될 확률은 아주 낮다는 거지요.

  이런 사실을 극적으로 보여 준 것이 1957년 독일에서 처음 등장한 '탈리도마이드'라는 약입니다. 아기를 가진 임신부의 입덧을 방지하는 데 효과가 큰 이 약은 몇 차례 동물 실험에서 부작용이 거의 나타나지 않았습니다. 그래서 '기적의 약'으로 불리기도 했지요. 하지만 이 약을 실제로 사람이 먹은 결과 유럽을 비롯해 50여 개 나라에서 1만 명이 넘는 기형아가 태어나고 말았습니다. 이 아이들은 태어날 때 팔다리가 없거나 물갈퀴 같은 형태의 손발을 지니고 있었지요.

  오늘날 '탈리도마이드의 비극'으로 불리며 역사상 가장 충격적인 의약품 사고의 하나로 손꼽히는 이 사건은 동물 실험의 결과를 얼마나 믿을 수 있는지를 되돌아보는 결정적인 기회를 제공해 주었습니다. 결국, 동물 실험에서 안전성과 효능이 확인된 약이라고 해도 그것이 사람에게도 똑같이 적용되리라는 보장은 전혀 없다는 얘기지

요. 이처럼 동물 실험의 활용 가치가 아주 낮은데도 굳이 수많은 동물을 죽이고 학대하는 동물 실험을 할 필요는 없다는 게 동물 실험 반대자들의 의견입니다.

이에 대해 찬성자들은 동물 실험이 인류에게 이익이 되고 과학이나 의료 발전에 크게 이바지했다고 주장합니다. 예를 들어, 우리나라에서 토끼 실험으로 각막 일부를 새로 만드는 연구에 성공한 적이 있습니다. 우리나라에는 각막에 문제가 있어서 앞을 볼 수 없는 사람이 2만여 명이나 된다고 합니다. 그런데 이 병을 치료하는 유일한 방법은 각막 이식입니다. 문제는 각막이 있어야 하는 사람은 많은데 반해 각막을 구하기가 하늘의 별 따기처럼 힘들다는 거지요. 이런 현실에서 동물 실험으로 새로운 각막을 만들 수 있다면, 이는 시각장애인이 될 뻔했던 수많은 사람에게 큰 희망을 안겨 줄 수 있습니다. 물론 고통받고 희생당하는 동물들이 안쓰럽긴 하지요. 하지만 인간의 이익이나 행복이 동물의 고통보다 더 중요하다는 게 이들의 견해입니다. '만물의 영장'인 인간과 다른 동물을 꼭 동등하게 대우할 필요는 없다는 거지요.

한편, 이들도 동물 실험의 결과를 인간에게 적용할 때 부작용이 생길 수 있다는 걸 전적으로 부인하지는 않습니다. 하지만 새로 개발한 약물 같은 것을 인간에게 적용하기 전에 그 효능이나 안전성을 검증하는 것은 꼭 필요하다고 이들은 말합니다. 이런 일을 인간을 직접 대상으로 해서는 할 수 없으니 동물 실험은 불가피한 선택이라는 얘기지요.

자, 팽팽하게 맞서는 두 의견을 들어보니 여러분은 어떤 생각이 드나요?

어떤 주장에 동의하건 요즘은 동물의 권리나 동물 복지에 대한 관심이 부쩍 높아지면서 많은 나라에서 동물 실험을 줄이고 있는 건 사실입니다. 특히 화장품과 관련된 동물 실험에서 이런 움직임이 활발한 편이지요. 질병 치료 등을 위한 동물 실험과 비교하면 미용을 위한 화장품 동물 실험은 아주 절박하거나 긴급하게 해야만 하는 일은 아니기 때문입니다. 이런 움직임은 특히 유럽 여러 나라에서 두드러지게 나타나고 있습니다.

이런 흐름이 나타나게 된 것은 동물 실험을 대체할 수 있는 새로운 방법들이 개발되고 있기 때문입니다. 예컨대 화장품을 만들 때는 천연 재료를 사용하고, 의학 쪽에서는 로봇이나 컴퓨터를 활용하는 식이지요. 특히 최근엔 살아 있는 동물 대신에 사람의 세포나 인공 피부를 사용하거나, 실험실에서 동물 세포를 키우거나, 동물의 반응을 본뜬 컴퓨터 프로그램과 시뮬레이션을 활용하는 것과 같은 다양한 대체 실험법이 개발되고 있습니다.

그래서 요즘은 동물 실험의 윤리적 기준으로 이른바 '3R 원칙'이라는 것이 세계적으로 널리 받아들여지고 있습니다. 3R이란 '대체하기(Replacement)', '줄이기(Reduction)', '개선하기(Refinement)'의 영문 머리글자를 따서 붙인 이름입니다. '대체하기'란 동물 실험을 하지 않고 최대한 다른 방법으로 대체하는 걸 말합니다. '줄이기'란 같은 양의 정보와 실험 결과를 얻는 데 사용하는 실험동물의 수를 최소한으로 줄이는 것을 뜻합니다. '개선하기'는 마취 등을 잘해서 동물이 느끼는 고통을 최소한으로 줄이고 실험 환경을 동물에 맞추어 개선하는 걸 가리키는 말입니다. 여기엔 동물이 사는 곳, 먹이, 번식, 운반, 취급 방법, 실험 절차와 방식 등을 비롯해 동물 복지를 높이는 전반적인 활동이 모두 포함됩니다.

동물 실험이 인간에게 혜택과 도움을 준 건 사실입니다. 하지만 동물 실험이 수많은 동물을 필요 이상으로 고통과 죽음으로 몰아넣고 생명의 존엄성을 가볍게 여기는 분위기를 만든 것 또한 사실입니다. 아마도 동물 실험을 완전히 없앨 순 없겠지요. 하지만 꼭 필요한 동물 실험은 어쩔 수 없다 해도, 동물 실험에 뒤지지 않는 성과를 낼 수 있고 윤리적으로도 정당한 다른 방법을 찾으려는 지혜와 뜻을 모아야 하지 않을까요? 그리고 이런 노력이 쌓인다면 사람과 동물이 더불어 행복해지는 길을 찾을 수 있지 않을까요?

질병과 건강의 참 의미를 찾아서

　의학과 의료 기술 발달이 우리 인간에게 끼친 긍정적 영향은 아주 크고 다양합니다. 그러나 이제까지 살펴봤듯이, 그 과정에서 새로운 문제들이 불거지는가 하면 격렬한 논쟁이 벌어지기도 합니다.

　사실, 우리는 오늘날 거대한 의료 시스템에 지나치게 깊이 길들어 있고 종속돼 있습니다. 오늘날 대부분 사람은 아주 사소한 병에 걸려도 병원을 찾아갈 때가 많습니다. 또한, 많은 사람이 조금만 몸이 불편하고 어디가 안 좋다 싶으면 별생각 없이 약국에 가서 약을 사 먹습니다. 옛날 같으면 아마도 그 정도는 병이라고 여기지도 않았을 텐데 말이지요. 더군다나 이전에는 질병이 아니었는데 지금은

성인병을 유발하는 먹거리

질병으로 규정되는 경우도 더러 있습니다. '의료 과잉'이라 불러도 지나친 말이 아닐 정도지요.

이런 흐름 속에서 우리는 조그마한 잠깐의 고통도 참지 못하는, 인내심 없는 나약한 인간으로 변해 가고 있는 건지도 모릅니다. 스스로 병을 이겨 내고자 하는 의지도 약하고 사람마다 지니고 있는 자기 몸의 자연 치유 능력을 믿지도 못한 채 그저 손쉽게 외부의 병원, 의사, 약 따위에 의존하는 게 현대인의 모습이라면 지나친 말일까요?

게다가 의학과 의료 기술이 첨단으로 발전하고 있음에도 병에 걸리는 사람은 더 많아지는 듯합니다. 비만, 당뇨, 고혈압 등을 비롯한 이른바 성인병, 곧 '생활 습관병'이 대표적이지요. 이런 병들은 풍요와 안락에 길들고 갖가지 환경오염과 먹거리 생활 등의 변화로 생기는 일종의 '문명병'이라 해도 크게 틀린 말은 아닙니다. 또한, 한때 모든 전염병이 정복됐다고 많은 사람이 큰소리를 뻥뻥 친 적이 있습니다. 하지만 최첨단을 달리는 현대 의학이 제대로 밝혀내지도 못하고 해결하지도 못하는 새로운 전염병이 지구 곳곳에서 끊임없이 나타나고 있습니다. 의학 발전의 역설이지요.

이처럼 자연과 생명에서 멀어진 현대 문명이 새로운 병을 낳고, 그 병을 고치느라 의학과 의료 기술이 더욱 발전하고, 그럴수록 거대한 현대 의료 시스템에 더욱 깊숙이 빨려 들어가는 것이 지금 우리가 살아가는 모습입니다. 과연 병이란 뭘까요? 진정한 건강이란 뭘까요? 우리 삶에서 떼어 놓을 수 없는 고통과 죽음이라는 것을 우리는 어떻게 받아들여야 할까요? 찬찬히 되새겨 보아야 할 질문들입니다.

언제
어디서나
무슨 일이든

현대 과학기술 가운데 사람들의 일상생활을 가장 직접적이고 크게 바꿔 놓은 건 뭘까요? 정보통신 기술이 아닐까요? 정보통신 기술의 발전이 낳은 컴퓨터와 인터넷, 스마트폰 같은 것들이 없는 현대인의 생활을 떠올리기란 쉽지 않습니다. 그런 만큼 정보통신 기술의 이모저모를 살펴보는 것은 현대 과학기술을 온전히 이해하는 데 꼭 필요한 일이라고 할 수 있습니다.

정보통신 기술이란 한마디로 정보를 만들어 내고 보내는 기술을 가리킵니다. 특히 전화, 라디오, 텔레비전, 컴퓨터, 인터넷 등이 시대 흐름을 타고 차례로 등장하면서 경이로운 기술 발전을 이끌었지요. 지금은 그야말로 인터넷 시대입니다. 20세기 말에 온 세계로 널리 퍼진 인터넷은 누구나 엄청난 양의 멀티미디어 정보를 공유할 수 있게 해 주었고, 지구 어디서든 실시간으로 정보를 자유롭게 주고받을 수 있게 해 주었습니다. 이에 더해 최근에는 스마트폰과 사회관계망 서비스(SNS: Social Network Service, 페이스북, 트위터, 카카오톡 등)가 급속히 퍼지면서 생활과 문화 전반에 혁명적인 변화를 일으키고 있습니다.

그런 변화 가운데 일상에서 가장 크게 실감할 수 있는 건 공간과 거리의 한계를 극복했다는 점일 듯합니다. 직접 몸을 움직여서 어딜 가지 않아도 수많은 일을 처리할 수 있고 즐길 수 있게 됐다는 거지요. 인터넷 쇼핑, 인터넷 결제, 인터넷 화상 회의, 전자책 같은 것이 그런 보기입니다. 이것은 인간 능력의 획기적이고도 비약적인 확장이라고 볼 수 있습니다.

이런 변화를 상징하는 것이 이른바 '유비쿼터스'라는 말입니다. 너무 어려운 말이 나왔나요? '유비쿼터스(ubiquitous)'란 라틴어에서 유래한 말로, '동시에 어디에나 존재하는'이란 뜻입니다. 쉽게 풀어서 설명하면, '시간과 장소에 구애받지 않고 언제 어디서나 자유롭게 네트워크에 접속할 수 있는 정보통신 환경'을 유비쿼터스라고 하지요.

지금은 급속도로 유비쿼터스 시대가 열리고 있는 때입니다. 그리고 이것을 가능하게 한 일등공신이 바로 스마트폰입니다. 스마트폰을 들고 다니면 언제 어디서나 손쉽게 인터넷에 접속할 수 있습니다. 그래서 필요한 정보를 그때그때 간편하게 찾아볼 수 있고, 갖가지 일도 편리하게 처리할 수 있습니다. 기술이 발전할수록 이런 변화는 더욱 놀라운 일을 할 수 있게 해 줄 것입니다. 가령, 직장에서 일하거나 먼 곳을 이동하는 동안에도 스마트폰만 있으면 집안일을 척척 처리할 수 있게 될 것입니다. 대형 할인점 같은 곳의 계산대에 길게 줄을 서서 순서를 기다릴 필요도 없어질 거고요. 이른바 '전파 식별 인식 장치'라는 것을 통과하는 순간 자동으로 계산이 이루어지기 때문이지요.

'전파 식별(RFID: Radio-Frequency Identification)'이란 말도 좀 어렵죠? 하지만 이것은 첨단 정보통신 기술 시대의 핵심 기술이므로 알고 넘어가는 게 좋습니다. 또 알고 보면 어려운 것도 아닙니다. 전파 식별이란 말 그대로 전파를 이용해 먼 거리에서 정보를 인식하는 기술을 말합니다. 주파수로 물건 등에 대한 정보를 분별해서 알아차린다는 얘기지요. 즉, 각종 정보가 들어 있는 소형 반도체 칩이 담긴 신용카드, 스마트폰 단말기, 신분증 같은 것을 인식기에 갖다 대면 여러 가지 정보가 무선으로 인식기에 보내져 갖가지 일을 처리하게 되는 겁니다. 우리가 버스나 지하철을 타고내리면서 카드나 스마트폰으로 요금을 계산할 때 쓰는 방식도 바로 이것입니다.

　이런 식으로 유비쿼터스 세상에서는 모든 물건에 '접속 장치'가 달려 있습니다. 예컨대 자동차, 냉장고, 세탁기, 전자레인지 등과 같은 모든 물건에 아주 작은 센서나 컴퓨터가 붙어 있어 통신할 수 있게 된다는 거지요. 이 모든 것이 네트워크로 짜인 컴퓨터에 연결돼 있어서 언제 어디서나 접속할 수 있는 거대한 하나의 가상공간을 이루게 됩니다. 언제 어디서나 스마트폰 하나만 있으면 회사 업무든 집안일이든 또 다른 개인의 사적인 용무든 간편하게 처리할 수 있게 된다는 얘기지요.

컴퓨터가 사람을 대신한다고?

오늘날 컴퓨터 발전은 인공 지능을 개발하는 데까지 나아가고 있습니다. 인공 지능이란 생각하고 느끼고 배우는 사람의 능력을 컴퓨터 프로그램으로 실현하는 기술을 말합니다. 컴퓨터가 단순히 복잡하고 정교한 계산을 하는 수준을 넘어 실제 사람처럼 생각하고 느끼고 행동할 수 있게 된다는 겁니다.

인공 지능 역사에서 가장 널리 알려진 사건은 사람과 컴퓨터 사이에 벌어진 체스(장기와 비슷한 서양의 놀이) 대결입니다. 1996년 2월의 일이었지요. 그때 세계적인 미국 컴퓨터 회사 IBM이 개발한 '딥 블루'라는 이름의 컴퓨터가 당시 체스 세계 챔피언이었던 러시아의 가리 카스카로프와 체스 대결을 벌인 적이 있습니다. 사람과 컴퓨터가 벌인 이 세기의 대결에서 누가 이겼을까요? 승자는 컴퓨터였습니다. 이 흥미로운 대결은 컴퓨터가 발휘할 수 있는 놀라운 능력에 대한 기대를 한껏 높이는 계기가 되었습니다.

그러던 것이 지금은 사람 목소리를 인식하는 기술, 하나의 단어가 아니라 문장을 입력했을 때 그 문장을 분석하는 기술, 카메라로 들어온 영상 정보를 분석하여 대상을 구분하거나 움직임을 알아내는 기술까지 개발되었습니다. 나아가 컴퓨터가 사람이 생각하는 것과 비슷한 방식으로 스스로 학습하여 지식을 얻고 그것을 바탕으로 어떤 일을 처리하는 기술도 연구하고 있지요. 사람 뇌에서 이루어지는 인식, 학습, 기억, 추리, 판단 등과 같은 고도의 정보 처리 기능을 적용한 컴퓨터도 개발되고 있고요.

앞으로 이런 기술이 컴퓨터와 전자제품 등에 적용되기 시작하면 어떤 일이 벌어질까요? 실로 놀라운 세상이 열리지 않을까요? 예를 들어, 인터넷 서비스에 이 기술이 적용되면 음성만으로 필요한 정보를 찾을 수 있고 또 원하는 곳으로 정보를 보낼 수도 있습니다. 컴퓨터와 대화를 나눌 수도 있게 된다는 뜻이지요. 집에 이 기술이 적용되면 집주인은 인공 지능 기기와 얘기를 나누면서 집 안 조명과 온도 조절, 가전제품 조작 등을 손쉽게 할 수 있습니다. 그야말로

'꿈의 집'이 이루어지는 거지요.

자동차에 이 기술이 쓰이면 어떻게 될까요? 운전할 필요조차 없어지겠죠? 컴퓨터가 자동으로 운전해 주는 자동 주행 시스템이 도입될 테니까요. 앞에서도 잠깐 언급했듯이, 어쩌면 운전 장치 없이 뇌파를 이용해 운전하는 인공 지능 자동차가 나올지도 모릅니다. 이것이 이루어진다면 팔다리를 움직이지 못하는 중증 장애인도 자유롭게 운전할 수 있게 되겠지요.

그뿐만이 아닙니다. 외국어 통역기에 첨단 인공 지능 기술이 결합하면 외국어를 할 줄 몰라도 다양한 외국 사람과 얘기를 나눌 수 있게 될 것입니다. 사람 목소리를 인식하고, 그 내용을 번역해서 파악하고, 그것을 다시 음성으로 말해 주는 기술이 개발될 테니까요. 이처럼 미래엔 인공 지능 컴퓨터가 사람이 하는 수많은 일을 하나씩 하나씩 대신 떠맡게 될 가능성이 큽니다. 아마도 여기엔 화재 진압과 같은 위험한 일은 물론 외과 수술처럼 고도의 전문적인 작업도 포함될 수 있겠지요. 요컨대, 정보통신 기술의 눈부신 발전에 힘입어 바야흐로 컴퓨터가 사람을 대신하는 시대가 열리고 있습니다.

거대한 사회적 변화의 물결
SNS

여기서 특히 주목해야 할 것은 이런 정보통신 기술이 일으키는 거대한 사회적 변화의 물결입니다. 오늘날 정보통신 기술은 단순히 사람들의 일상생활을 넘어 경제와 산업, 직업과 노동 등에도 엄청난 변화를 불러일으키고 있습니다.

예를 들어, 전통 산업사회에서는 물건을 만드는 제조업을 비롯한 2차 산업이 산업의 중심이었습니다. 이에 견주어 새롭게 열리고 있는 정보화 사회에서는 서비스업을 중심으로 한 3차 산업의 가파른 발전이 눈에 띄게 두드러지고 있습니다. 이렇게 되니 일의 성격도 바뀌고 있습니다. 갈수록 단순한 육체노동보다는 전문적인 정신노

반도체를 활용한 컴퓨터 부품

동의 비중이 높아지고 있지요. 이는 정보화 물결과 함께 등장한 새로운 산업이 기존 전통 산업보다 고도의 지식과 기술을 필요로 하기 때문입니다. 대표적인 보기로는 정보화 시대의 핵심 업종이라 할 수 있는 컴퓨터나 반도체, 통신 분야를 꼽을 수 있습니다.

　새로운 산업이 등장하고 기존 산업구조가 재편될 뿐만 아니라 기존 전통 산업에서도 직업이나 업무에 변화가 일어나기는 마찬가지입니다. 예컨대, 섬유산업 같은 데서 컴퓨터를 활용한 업무 자동화가 빠르게 이루어지면 옷을 직접 만드는 생산 노동자는 줄어드는 대신 자동화 장비를 능숙하게 다룰 줄 아는 전문 엔지니어는 늘어나는 식이지요.

그럼, 사람들이 일하는 형태나 방식은 어떻게 바뀔까요? 전통 산업사회에서는 한 회사를 오랫동안 다니면서 그곳을 '평생직장'으로 여기는 분위기가 강했습니다. 이에 견주어 정보화 사회에서는 '평생직장'보다는 '평생 직업'을 더 중요하게 여기는 흐름이 뚜렷해집니다. 그러니까, 한 직장에 마냥 붙어 있기보다는 자기만의 지식과 전문적인 능력으로 무장하여 다양한 직장을 옮겨 다니면서 일하는 경향이 커진다는 거지요.

한데, 그러다 보니 한 분야에서 오랫동안 일한 선배 노동자보다 새로운 지식과 기술을 갖춘 신입 노동자가 업무를 훨씬 더 잘 처리하는 현상이 자주 생기게 됩니다. 더구나 기술 혁신 속도가 빨라짐에 따라 기업들은 노동자를 오랫동안 고용하면서 숙련자로 키우기보다는 바깥에서 그때그때 필요한 사람들을 손쉽게 데려와 쓰는 방식을 더 좋아하게 됩니다.

오늘날 임시직, 계약직, 파트타임직 등과 같은 비정규직 노동자가 많이 늘어난 것도 이와 연관이 있습니다. 정보화 시대의 첨단 산업에서는 기술, 시장 상황, 소비자 성향 등이 아주 빠르게 바뀌기 마련입니다. 그러니 기업 입장에서 이런 변화에 유연하고 신속하게 대처하려면 핵심 인력을 빼고는 고용하기도 쉽고 해고하기도 쉬운 비정규직을 고용하는 게 더 유리하지요. 하지만 그 결과 노동자들 사이에 불평등은 더욱 깊어집니다. 전문직 정신노동 종사자는 지식과 기술을 잘 활용하여 자기 가치를 갈수록 높이지만, 단순 육체노동 종사자의 일과 직장은 자꾸 없어지거나 가치가 낮아지는 탓이지요. 문제는 이런 격차가 갈수록 커지면서 사회 전체적으로 불안과 불평등이 더욱 깊어진다는 점입니다.

일의 성격도 바뀝니다. 정보화 흐름은 한편으로는 사람의 노동을 대체하기도 하고, 전통적인 일자리를 없애기도 하고, 숙련 노동자를 줄어들게 하기도 합니다. 하지만 다른 한편으로는 새로운 일을 만들어 내기도 하고, 노동의 질을 높여 주기도 합니다. 정보 기술의 발달로 이루어진 사무 자동화 또한 두 가지 측면을 함께 지니고 있습니다. 이것은 한편으로는 일을 이전보다 더 빠르고 효율적으로 처리할 수 있게 해 줍니다. 하지만 다른 한편으로는 일자리를 줄어들게 하고 노동자의 숙련에 걸림돌이 되기도 하지요.

이처럼 정보통신 기술의 발전은 사회와 사람의 삶 전반에 강력하고도 다양한 변화의 바람을 불러일으키고 있습니다. 특히 직업, 노동, 고용 등에서 이루어지는 변화는 대다수 사람에게 아주 절실하고도 긴급한 관심사가 되고 있습니다. 사람이 살아가는 데 기본 바탕이 되는 게 바로 이런 것들이기 때문입니다.

모두가 모두를 엿보고 감시하는 세상

자, 그렇다면 이런 정보통신 기술의 발전을 우리는 어떻게 봐야 할까요? 생활에 커다란 편리와 혜택을 안겨 주는 데다 경제와 산업 발전을 이끌기도 하니 긍정적으로 여기면 될까요? 아니면 부정적인 측면 또한 작지 않으니 비판하고 반대해야 할까요? 이도 저도 아니라면 정보통신 기술의 발전은 어차피 되돌릴 수도 없고 피할 수도 없으니 이런 논의 자체가 별 의미가 없다고 여겨야 할까요?

잊지 말아야 할 것은, 정보화 흐름이 세상을 뒤덮게 되면서 여러 가지 심각한 문제가 갈수록 뚜렷해지고 있다는 점입니다. 먼저, 오늘날 정보통신 기술은 감시와 통제 도구로 활용돼 민주주의를 망가뜨리고, 무차별적인 정보 수집과 악용은 사생활 침해를 불러일으키고 있습니다. 끊임없이 출몰하는 컴퓨터 바이러스와 홍수처럼 쏟아지는 스팸 메일 같은 것들 탓에 수많은 사람이 큰 피해를 보기도 하고요.

특히 요즘은 은행이나 신용카드 회사의 통합 전산망처럼 컴퓨터 망이 방대한 규모로 연결돼 있습니다. 그래서 중앙 컴퓨터에 고장이 나거나 해킹 범죄 같은 게 터지면 사회 전체적으로 피해와 혼란이 걷잡을 수 없이 커질 위험성이 높습니다. 게다가 스마트폰이나 인터넷 중독에 시달리는 사람, 현실 세계와 사이버 세계 사이에서 정체성 혼란을 겪는 사람이 늘어나는 것도 작은 문제가 아닙니다.

그뿐만이 아닙니다. 온라인 공간에서 폭력적이고 공격적인 언어가 춤을 추고, 이른바 '신상털기' 같은 사례에서 보듯이 다른 사람에게 상처와 고통을 주는 일이 자주 일어납니다. 인터넷에 넘쳐나는 수많은 정보 또한 '쓰레기'라고 불릴 정도로 쓸데없고 저질이고 잘못된 것이 아주 많습니다. 인터넷이나 SNS에 무심코 올린 글, 사진, 동영상 같은 것들이 본인의 뜻과는 달리 영구적으로 삭제되지 않은 채 사이버 공간 곳곳을 떠돌아다니면서 두고두고 말썽을 일으키는 일도 잦고요.

개인과 나라 모두 부유한지 가난한지에 따라 정보 접근 기회에 커다란 격차가 나타나고 이것이 심각한 '정보 불평등'으로 이어지는 것

도 큰 문제입니다. 정보화가 실제 인간들 사이의 관계와 공동체적 삶을 망가뜨림으로써 현대인의 외로움과 소외감을 더 부추긴다는 지적도 높고요.

이런 여러 가지 문제 가운데서도 가장 심각한 것은 아마도 전면적인 '감시 사회'의 등장이 아닐까 싶습니다. 예를 들면 이런 일이 있었습니다. 어느 정부기관에서 노동조합 활동을 열심히 하는 직원을 부당하게 해고한 일이 사회적 논란을 일으킨 적이 있습니다. 해고 사유는 그 직원이 지각을 자주 한다는 것이었습니다. 그런데 상황을 살펴본 결과, 그 기관에서 눈엣가시 같았던 그 직원을 쫓아내려고 일부러 출근 기록을 조작한 흔적이 드러났습니다. 그 직원이 지니고 다니던 교통카드에 찍힌 버스와 지하철 승하차 기록이 기관이 내놓은 지각 기록과 전혀 달랐던 거지요. 기관이 내놓은 자료에서 지각했다고 기록된 날의 그 직원 교통카드 사용 내역을 조사해 보니, 사무실에서 불과 5~10분 거리의 버스와 지하철 정류장에서 내린 시각은 모두 출근 시간 훨씬 전이었습니다. 한마디로 지각 기록까지 거짓으로 조작하는 '꼼수'를 부려 그 직원을 강제로 쫓아내려고 했던 거지요. 결국, 그 직원은 법원 판결에 따라 직장에 다시 돌아갈 수 있었습니다.

이 이야기는 우리가 평소에 아무 생각 없이 사용하는 교통카드가 얼마나 큰 위력을 발휘할 수 있는지, 그리고 내 정보를 쥐락펴락할 힘을 가진 기관(또는 사람, 세력)이 마음만 먹는다면 내가 언제 어디에 갔는지를 완벽하게 알아낼 수 있다는 사실을 생생하게 보여 줍니다.

이처럼 개인의 이동 경로가 고스란히 기록되고 보관되는 일이 널리 퍼진다면 어떻게 될까요? 누구든 '소리 없는' 감시와 추적을 피할 수 없는 무서운 세상이 펼쳐지지 않을까요? 더 심각한 문제는 이런 개인의 사적인 정보가 어딘가에 계속 쌓이고 있어도 정작 그 정보의 주인은 그런 일이 벌어지는지를 제대로 알아차리지 못한다는 점입니다. 자기가 감시당하는지를 알지도 못한 채 끊임없이 감시당한다는 거지요. 이는 곧 통제로 이어질 수도 있고, 수많은 사람의 사생활과 자유가 침해될 수 있다는 뜻이기도 합니다.

흔히 CCTV라 불리고 '무인 감시 카메라'라는 달갑지 않은 별칭으로도 불리는 폐쇄회로 텔레비전도 다르지 않습니다. 정확한 수치는 파악하기 어렵지만, 현재 우리나라에만 300만 개 안팎의 CCTV가 곳곳에 설치돼 있다고 합니다. 실제로 주변을 둘러보면 아파트 엘리베이터, 길거리와 동네 골목, 지하철역, 각종 건물, 관공서, 편의점, 은행, 마트 등 CCTV가 없는 곳을 찾기가 어려울 지경이지요. 어떤 기자가 아침에 집을 나서 밤에 퇴근하기까지 자기 모습을 찍은 CCTV 개수를 모두 조사해 보니 무려 80개가 넘었다고 합니다.

CCTV가 급속히 늘어난 데는 물론 그만한 까닭이 있습니다. 갈수록 범죄가 늘어나고 수법도 잔혹해지는 요즘 상황에서 범죄를 예방하는 효과가 크다는 게 대표적입니다. 범인을 잡는 데에도 CCTV가 큰 구실을 한다는 주장 또한 높고요. 그런데 CCTV를 관리하는 법이나 규정이 부실한 탓에 아무나 설치할 수 있다는 게 큰 문제입니다. 기술 발달에 따라 CCTV는 갈수록 작아지고, 무선으로도 작동할 수 있으며, 여러 가지 첨단 기능까지 덧붙여지고 있습니다. 그 결과 은밀한 장소에서 은밀한 방법으로 '몰래카메라'로 악용될 위험이 커지고 있습니다. CCTV는 또한 노동자를 감시하고 통제하는 수단으로 활용되기도 합니다. 작업장 곳곳에 설치된 CCTV는 '번뜩이는 눈'으로 종업원이 열심히 일하고 있는지, 혹시 딴전을 피우거나 자리를 비우지는 않는지 따위를 하루 24시간 철저하게 지켜봅니다.

　자 여러분, 이처럼 개인 차원에서 사생활이 침해당하는 건 물론이고 사회 전체적으로 서로서로 엿보고 훔쳐보고 감시하는 문화가 퍼진다면 우리 삶은 더욱 황폐해지지 않을까요? 더구나 이처럼 '만인에 의한 만인의 감시'가 널리 퍼지면 그런 거대한 감시 시스템을 만들어 낸 과학기술과 기계, 그리고 이것들을 지배하고 통제하는 '권력'에 우리는 더 깊숙이 종속될 수밖에 없지 않을까요?

'감시 사회' 아래서 뒷걸음질하는 민주주의

그렇습니다. 오늘날 감시는 우리가 어떤 행위를 할 때마다 빠짐없이 이루어지고 있습니다. 은행에서 돈을 찾고, 신용카드와 교통카드를 사용하고, 자동차를 운전하고, 어딘가를 걸어서 돌아다니고, 병원에 가고, 도서관에서 책을 빌리고, 잡다한 우편물을 받고, 인터넷을 검색하거나 친구에게 전자 메일을 보내는 것 등을 포함해 아주 평범하고 일상적인 행위들마저 감시의 그물에서 벗어나지 못합니다.

특히 주목할 것은 인공위성과 인터넷입니다. 우주 공간에 떠 있는 수많은 인공위성은 감시 범위를 전 지구로 확장했습니다. 감시 활동의 속도와 효율 또한 크게 높였고요. 또한, 인터넷을 사용하면서 흔적으로 남긴 온갖 개인 정보는 사이버 감시의 요긴한 자료로 활용됩니다. 전자 메일과 첨부 파일은 물론이고 접속한 사이트의 이름과 접속 시간, 심지어 그 화면까지도 나중에 고스란히 확인할 수 있지요. 내가 어디에 무슨 메일을 보냈는지, 무슨 사이트에 접속해 뭘 했는지를 누군가가 낱낱이 엿보고 있다고 한번 생각해 보세요. 오싹 소름이 끼치지 않나요?

특히 국가기관이 사이버 세계에서 이루어지는 권력 비판을 감시하고 검열하는 것은 '표현의 자유'라는 민주주의의 뿌리를 뒤흔드는 몹시 나쁜 짓입니다. 예를 들어, 수많은 사람이 이용하는 스마트폰 메신저인 '카카오톡'에서 이루어지는 대화 내용을 검찰 같은 권력기관이 손에 넣고서 검열하는 따위의 일이 그것입니다. 이런 일은 정보화 시대에 새롭게 떠오르는 인권과 자유, 민주주의 문제의 중요성을 새삼 되돌아보게 해 줍니다.

전통적으로 감시 주체는 국가 권력이었습니다. 하지만 요즘은 자본, 곧 기업 또한 핵심적인 감시 주체가 되었습니다. 방금 얘기했듯이 일터에서 노동자의 행동 하나하나까지 낱낱이 들여다볼 뿐만 아니라, 직원 컴퓨터에 있는 각종 파일, 전자 메일, 사이트 접속 기록 등을 점검하는 회사가 한둘이 아니지요.

그런데 적지 않은 사람이 이런 감시 사회로의 변화를 별다른 문제의식 없이 받아들이는 게 현실입니다. 예컨대 도로 교통을 한번 생각해 볼까요? 다양한 도로 교통 상황을 알려주는 정보는 대개 도로 곳곳에 설치된 CCTV에서 얻습니다. 이런 것을 감시라고 여기는 사람은 거의 없습니다. 하지만 똑같은 CCTV가 내가 언제 어디서 뭘 했는지를 알아내는 데 사용된다면 사정은 완전히 달라집니다. 이처럼 CCTV는 '두 얼굴'을 동시에 지니고 있습니다. 범죄 예방과 시민 안전을 위한 CCTV의 필요성을 쉽사리 부인하기는 어렵습니다. 하지만 이것은 얼마든지 사생활과 자유를 침해하고 감시 목적으로도 활용될 수 있습니다. 따지고 보면 이는 신용카드, 컴퓨터, 인터넷, 휴대전화 등도 다르지 않습니다.

문제는 정보화 사회에 갈수록 익숙해지면서 이런 감시의 두 얼굴 가운데 어둡고 부정적인 측면에 많은 사람이 무감각해진다는 점입니다. 하지만 잊지 말아야 합니다. 지금 우리가 정보화 물결 속에서 전자 감시 사회로 가느냐, 아니면 제대로 된 정보 민주주의를 꽃피우느냐 하는 갈림길에 서 있다는 사실을 말입니다.

정부든 기업이든 특정 권력이나 세력이 정보를 독점하거나 자기들 맘대로 남의 정보를 이용하는 것은 근본적으로 잘못입니다. 더구나 이들은 자기들에게 불리한 정보는 숨기기도 하고 없애기도 하

고 조작하기도 합니다. 이에 견주어 정보에 접근할 기회 자체를 빼앗기기 마련인 대다수 보통 사람은 그저 피해자나 희생자가 될 수밖에 없지요.

    그래서 이제는 정보화 시대에 걸맞은 새로운 민주주의와 인권을 모색하고 개인의 자유와 존엄성을 지킬 길을 능동적으로 찾아 나서야 합니다. 무엇보다 지금처럼 내가 알지도 못하는 사이에 나에 관한 정보가 어딘가에 쌓이고 누군가에게 이용되는 일은 막아야 합니다. 정보화 사회에서 정보는 곧 권력이자 힘입니다. 그 권력과 힘이 국가를 포함해 특정 집단이나 세력에게 집중되는 것은 민주주의에 어긋나는 일입니다. 모든 사람이 자기와 관련된 정보를 스스로 통제할 수 있는 권리가 보장돼야 한다는 점 또한 빠뜨릴 수 없는 대목입니다. 이런 노력을 기울이지 않는다면, 아마도 우리는 자기도 모르는 사이에 정보화 시대의 '주인'이 아니라 '노예'로 살아가게 될지도 모릅니다.

스노든 사건의 충격

'감시 사회'의 참모습이 어떠한지를 생생하게 보여 준 사례 가운데 하나가 지난 2013년에 벌어진 에드워드 스노든 사건이다. 스노든은 미국의 정보기관과 안보 담당 부서에서 일하던 젊은 청년이었다. 그는 자기가 하는 일이 얼마나 나쁜 짓인지를 알고서 도무지 견딜 수 없었다. 그래서 결국은 자기가 아는 것을 세상에 알리면서 일을 그만두었다. 그의 용기 있는 양심선언에 따라 온 세상에 밝혀진 다음과 같은 사실들은 실로 놀라운 것이었다.

미국의 안보 담당 부서는 막강한 권력과 첨단 과학기술 시스템을 활용해 자기 나라 국민뿐만 아니라 전 세계 수많은 사람의 통화 기록, 전자 메일 내용 같은 은밀한 개인 정보를 자기들 맘대로 수집해 왔다. 이 정보들은 어떤 사람의 친구나 연인이 누구인지, 그가 누구와 어떤 관계를 맺고 있는지, 그가 지금 기쁜지 슬픈지 같은 것들까지도 모조리 알 수 있는 것들이었다. 또한, 그들은 전 세계를 연결하는 바다 밑 광섬유 케이블에 도청 장치를 달아 수십 개 나라의 대통령이나 총리 같은 최고 지도자의 통화 내용을 엿들었다. 첨단 기술을 동원해 수많은 외국 기업에 대해 간첩 활동도 마구 벌였다.

스노든의 폭로에 온 세계는 발칵 뒤집혔다. '설마 그런 짓까지?' 하며 우려하던 일이 명백한 사실로 드러난 데서 온 충격은 대단히 컸다. 하지만 폭로 뒤 스노든은 조국으로부터 반역자로 낙인찍혀 버림받고 말았다. 심지어 자기 나라로 돌아가지도 못하고 외국에서 힘겨운 망명생활을 이어가야만 했다.

스노든뿐만이 아니다. 정보 공개와 비리 폭로 전문 사이트인 위키리크스를 설립해 수많은 나라의 '어두운' 비밀 정보를 세계 사람들에게 알려온 오스트레일리아(호주) 출신의 줄리언 어산지라는 사람 또한 정보를 공개 당한 나라의 정부로부터 '공공의 적'으로 지목돼 쫓기는 신세에 놓여 있다. 그는 첨단 정보화 시대를 비판하면서 이런 말을 남겼다. "모든 의사소통은 감시당하고, 영구적인 기록으로 남고, 끝까지 추적당할 것이다. 사람들은 태어나 죽을 때까지 자기가 남들과 어떤 관계를 맺는지 식별 당하게 될 것이다."

위험해지는 세상, 무능해지는 인간

그런데 감시 사회 못지않게 주목해야 할 것이 또 하나 있습니다. 정보통신 기술의 급속한 발전과 확산으로 '위험' 또한 크게 높아지고 있다는 사실이 그것입니다. 즉, 지구나 나라 전체와 같이 아주 큰 규모로 연결된 컴퓨터망이 망가지면, 혹은 세계 전체의 동시적 통신을 가능케 해 주는 위성통신망에 큰 문제가 생기면, 이 네트워크 연결을 바탕으로 이루어지던 모든 일이 엉망진창이 될 수밖에 없다는 거지요.

사실 이런 일은 쉽게 상상할 수 있고, 실제로 벌어지기도 합니다. 예를 들면, 앞에서도 말했듯이 은행은 전산망을 통합적으로 운영합니다. 이런 구조에서 중앙의 통합 전산망이 망가지면 어떻게 될까요? 전국적으로 돈을 찾거나 주고받는 일이 중단되지 않을까요? 수많은 사람이 물건을 사거나 식당에서 밥을 사 먹거나 지하철이나 버스를 탈 때 사용하는 신용카드에도 마찬가지 위험이 도사리고 있습니다. 카드회사도 보통 한곳에서 컴퓨터 전산망을 통합 운영하니까요.

이런 문제가 군사 분야에서 발생하면 어떻게 될까요? 상상만 해도 섬뜩합니다. 요즘 군대는 첨단 기술로 움직이는 무기와 장비들이 즐비한 탓에 대부분 명령이 컴퓨터로 전달되는 시스템을 갖추고 있습니다. 이런 상황에서 테러 조직이나 나쁜 마음을 먹은 해커가 어느 나라 국방부 중앙 컴퓨터에 침투한다면 어떤 일이 벌어질까요? 예를 들어 본래는 사막의 폭격 훈련장에 폭탄을 떨어뜨려야 할 전투기의 기수를 돌려 대도시에 폭탄을 투하하도록 명령을 조작한다고 상상해 보세요. 이런 식으로 도시의 전기나 가스 공급 시스템을 끊어 버릴 수도 있고, 전화망을 파괴해 통신 기능을 마비시킬 수도 있습니다.

이런 일이 벌어질 수 있는 이유는 정보통신 기술이 분산된 동시에 하나로 연결된 네트워크 속성을 지닌 탓입니다. 중앙으로 집중되고 규모가 거대해진 현대 과학기술 문명이 안고 있는 치명적인 '함정'이 아닐 수 없지요.

    한편으로, 정보화가 인간의 사고 능력, 곧 생각하는 힘을 퇴보시 킨다는 의견도 높습니다. 가령, 흔히 에스키모라 불리는 북극 지방의 이누이트 족이 최근 들어 사냥하다가 길을 잃거나 큰 사고를 당해 사망하는 일이 잦아졌다고 합니다. 원인은 이들이 사용하는 첨단 장비에 있었습니다. 인공위성을 활용하는 첨단 위치 추적 장비에 사냥을 의존하게 되면서, 조상 적부터 전해져 내려온 지역에 관한 구체적이고 살아 있는 지식을 잃어버린 탓이지요. 자연 속에서 몸으로 익혔던, 눈밭에서 길을 찾는 능력이나 감각도 무뎌져 버렸고요.

    요즘 수많은 사람이 자동차에 달고 다니는 내비게이션도 마찬가지입니다. 이것 덕분에 누구나 더 빨리, 더 쉽게 목적지에 이르게 된 건 사실입니다. 하지만 운전하는 사람은 자기가 가는 곳의 진짜 위치와 경로는 제대로 알지 못하게 됐습니다. 방향 감각, 공간과 장소를 파악해 찾아가는 능력, 지도를 보거나 사람들에게 길을 물어 가며 여행하는 데서 오는 미묘한 재미 같은 것들도 점차 사라지게 됐고요. 그 결과 여러 가지 능력과 감각을 동원해 어딘가를 찾아가는 창조적이고도 능동적인 일이 기계의 지시에 따라 그저 운전대를 이리저리 돌리는 단순하고도 수동적인 행위로 바뀌고 말았습니다. 이것을 인간 능력의 퇴화라고 하면 지나친 말일까요?

인터넷과 스마트폰은 또 어떤가요? 이것들은 원하는 정보를 너무나 빠르고 편하게 알려줍니다. 하지만 그 대신 많은 현대인은 사고력, 집중력, 인내력, 두꺼운 책이나 긴 글을 읽어내는 능력 같은 것들을 잃어버리고 있습니다. 그 와중에 조용히 사색하고 천천히 생각하며 깊은 명상에 몰두하는 것과 같은, 인류가 오랫동안 높은 가치를 두어 왔던 고귀한 행위들은 촌스럽거나 케케묵은 것으로 여겨지고 있습니다.

사실 이런 예들을 꼽자면 한둘이 아닙니다. 전자계산기 탓에 계산 능력이 떨어졌습니다. 거의 모든 문서를 컴퓨터로만 작성하다 보니 글씨를 아름답게 쓸 줄 아는 사람이 갈수록 드물어지고 있습니다. 전화 걸 때 휴대전화에 저장해 놓은 단축 번호만 누르다 보니 가족들 전화번호도 제대로 기억하지 못하는 사람이 많아졌습니다. 이 모두 '더 빨리', '더 편리하게', '더 효율적으로' 따위만을 으뜸으로 내세우는 정보화 물결의 그늘이라고 할 수 있습니다.

정보통신 기술의 발전이 인간 능력을 아주 크고 빠르게 키운 건 사실입니다. 하지만 그게 다는 아닙니다. 정보화는 거꾸로 인간이 오랜 세월 갈고 닦아온 다양한 능력과 재주를 갉아먹고 있기도 합니다.

정보화를
가로질러,
정보화를 넘어

정보통신 기술이 만들어내는 세상이 장밋빛이 아니라 너무 어둡고 절망적인 회색빛으로만 보이나요? 하지만 너무 그럴 필요는 없습니다. 예를 들어 볼까요? 인터넷과 SNS의 급속한 확산은 세상을 긍정적으로 바꾸는 데 아주 긴요한 구실을 하기도 합니다. 사이버 공간은 종종 활발한 사회적 토론과 소통이 이루어지는 '민주주의의 거점'이 되기도 합니다. 어떤 일이나 문제에 대한 시민의 참여와 관심을 폭발적으로 끌어내는 끌차가 되기도 하고요. 사회 변화의 소중한 무기가 될 수 있다는 거지요.

또한, 인터넷과 SNS는 권력이 감추고자 하는 '불편한 진실'을 밝혀내고 널리 알리는 데에도 큰 구실을 할 수 있습니다. 특히 인터넷 기반 시스템은 '몸집'이 작고 가벼운 언론 매체를 만들어 운용하기에 유리합니다. 큰돈을 들이지 않고 많은 사람이 참여하지 않아도 나름 대로 언론 활동을 펼칠 수 있다는 거지요. 이는 막강한 자본과 수많은 인력으로 무장하고서 한 사회의 여론을 쥐락펴락하는 기존의 거대 주류 언론에 맞서 싸울 수 있는 아주 효율적인 방도입니다. 이런 식으로 정보화 흐름은 하기 나름에 따라, 그리고 때에 따라 '좋은 세상'을 만드는 쪽으로 활용할 여지가 충분히 있다고 볼 수 있습니다.

정보화의 이런 양면성은 정보화가 여가와 직장 생활에 미치는 영향을 둘러싼 논란에서도 잘 드러납니다. 정보화를 찬양하는 사람들은 정보화 덕분에 이동 시간이 줄어들고 일의 능률이 올라가서 짧은 시간 안에 더 많은 일을 처리할 수 있으므로 자연스럽게 여가가 늘어난다고 주장합니다. 하지만 반대쪽에서는 첨단 정보화 시스템 탓에 일하는 시간과 여가의 구별이 흐릿해져 퇴근 뒤나 주말에도 툭하면 일해야 하는 상황이 자주 벌어진다고 반박합니다. 퇴근한 뒤인 밤늦은 시간이나 쉬러 간 휴가지에서도 직장 상사로부터 카카오톡 같은 걸 통해 업무 지시를 받는 경우가 대표적이지요.

또한, 정보화 찬양자들은 정보화 덕분에 집에서 편하게 일할 수도 있고, 단순한 작업은 로봇 같은 것이 대신할 것이므로 사람은 더욱 창의적인 활동에 몰두할 수 있다고 주장합니다. 또 정보화 시스템 덕분에 전 세계 사람을 고용할 수 있으므로 뛰어난 인재들을 손쉽게 뽑을 수 있다고 얘기하기도 하지요. 하지만 반론도 만만치 않습니다. 비판자들은 내가 뭘 하는지 늘 감시당하고, 단순 작업을 로봇이 대신하면 사람이 할 일이 줄어들며, 전 세계 모든 사람과 경쟁하게 되면 일자리 구하기가 더욱 어려워질 것이라고 주장합니다. 대체로 이런 식입니다. 다른 과학기술과 마찬가지로 정보통신 기술 또한 긍정적인 측면과 부정적인 측면이 동시에 존재한다는 얘기지요.

그러므로 중요한 것은 정보화 사회의 실체와 본질을 정확하게 이해하는 일입니다. 무엇보다 필요한 것은 비판적인 문제의식입니다. 물론 정보화 흐름을 덮어 놓고 반대하는 것은 어리석고도 부질없는 짓입니다. 정보화 흐름이 피할 수도 없고, 거스를 수도 없고, 돌이킬 수도 없는 대세라는 건 부인하기 어렵습니다. 하지만 그럴수록 정보통신 기술의 놀라운 발전이 선사하는 달콤한 편리와 혜택에 눈이 멀어 부정적인 측면을 놓쳐서는 안 되겠지요.

무엇보다 정보화는 우리 모두를 더욱 열린 세상, 더 넓은 세계로 이끌고 있습니다. 이 거대한 흐름에 올바르고 현명하게 대처하는 길을 찾아 나가야 합니다. 정보화 속에서, 정보화를 가로질러, 그리하여 결국은 정보화를 넘어서는 지혜를 함께 모아 나가야 합니다.

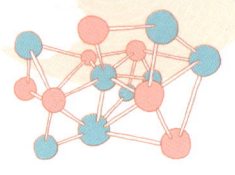

머리카락의
10만분의 1 크기를
다루는 기술

이번엔 나노기술 이야기입니다. '나노기술'이라는 말 자체가 너무 낯선가요? 나노기술이란 한마디로 아주 작은 것을 다루는 기술입니다. 얼마나 작은가 하면, 1nm(나노미터)는 10억 분의 1m에 지나지 않습니다. 이렇게만 말하면 감이 잘 안 잡히죠? 알기 쉽게 말하면 사람 머리카락 굵기의 10만분의 1 정도 크기가 1㎚입니다. 너무 작아서 당연히 우리 눈에는 보이지 않지요. 이처럼 지극히 작은 크기의 물질을 연구하고 다루는 게 바로 나노기술입니다. 보이지 않는 세상이 곧 나노 세상인 셈이지요.

이런 나노기술을 이용하면 물질을 아주 작게 만들 수 있을 뿐만 아니라 이제까지와는 다른 방식으로 물건을 만들어 낼 수 있습니다. 또 자연에는 존재하지 않는 새로운 물질을 인공적으로 만들어 낼 수도 있고요. 나노 물질을 만드는 방법은 크게 두 가지입니다. 하나는 큰 덩어리를 계속 깎아서 작게 만드는 것입니다. 마치 통나무를 깎아 이쑤시개를 만드는 식이지요. 다른 하나는 원자나 분자를 조합하거나 특정 구조로 배열해서 원하는 것을 만드는 것입니다. 이는 벽돌을 쌓거나 레고블록을 조립하는 방식과 비슷하다고 할 수 있지요.

그동안 우리 인간은 자연에 이미 존재하는 자원을 가공해서 필요한 물질을 만들어 왔습니다. 이에 견주어 나노기술은 원자를 조작해서 물질의 성질을 바꾸거나, 인간이 필요로 하는 물질을 직접 설계한 다음 그것을 만들어 낼 수 있게 해 줍니다. 그 결과 이전에는 상상조차 할 수 없었던 신기하고도 놀라운 물건을 만들어 낼 가능성이 열리고 있습니다. 그래서 나노기술은 21세기를 이끌어갈 첨단 기술의 대표주자 가운데 하나로 손꼽히고 있습니다.

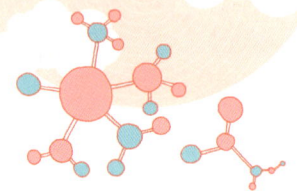

나노기술의 놀라운 세계

　이런 나노기술이 새롭게 선보이고 있는 세상은 실로 놀랍습니다. 그 가운데 대표적인 건 탄소 나노튜브라는 것입니다.
　이것은 흑연을 종이처럼 미세하고 얇게 자르면 말리면서 생기는 소재(어떤 것을 만드는 데 바탕이 되는 재료)로서, 자연에는 존재하지 않는 물질입니다. 속이 비어 있어서 가벼우면서도 강철보다 100배나 강합니다. 전기와 열을 잘 전달하고, 휠 수 있으며, 다시 본래 모양으로 쉽게 돌아가기도 하고요. 이런 특성을 잘 살려 골프채 같은 스포츠용품, 자동차 타이어, 비행기 소재, 색이 변하지 않는 나노 페인트 같은 건축용 자재 등에 다양하게 이용할 수 있습니다. 그뿐만 아니라 이것을 다발로 묶으면 지금보다 기억 용량이 1만 배나 큰 최첨단 반도체 칩도 만들 수 있다고 합니다. 또 탄소 나노튜브로 만든 초강력 섬유를 동아줄처럼 엮어 우주에 떠 있는 위성과 지상을 연결하는 일명 '우주 엘리베이터'를 설치하자는 기발한 아이디어까지 나오고 있습니다.

의료나 생명공학 분야에서도 눈부신 활약을 펼칠 것이라는 전망이 나옵니다. 이를테면, 나노튜브의 공간에 의약품을 넣어 원하는 인체 부위만 치료하는 이른바 나노 캡슐을 연구하고 있다고 합니다. 나노 캡슐에 약물을 넣어 암세포만 제거하는 기술이 대표적이지요. 나노 크기의 극소형 센서를 사람 몸에 집어넣어 혈당을 재거나 암세포를 감지함으로써 이전보다 훨씬 더 정밀하고 지속적으로 환자를 진단할 수 있는 기술도 연구하고 있고요.

미래엔 '나노봇'이라는 것도 개발될지 모릅니다. 나노봇은 혈관을 타고 다니며 병을 진단하고 치료할 목적으로 개발되고 있는 수십 나노미터 크기의 극소형 로봇입니다. 암세포를 찾아서 없애거나, 망가진 기관이나 세포를 치료하거나, 원하는 곳에 약을 투여하는 일을 할 수 있으리라고 기대되지요. 이런 나노봇은 나노기술과 생명공학 기술 그리고 정보통신 기술이 한데 합쳐진 결정체라고 할 수 있습니다.

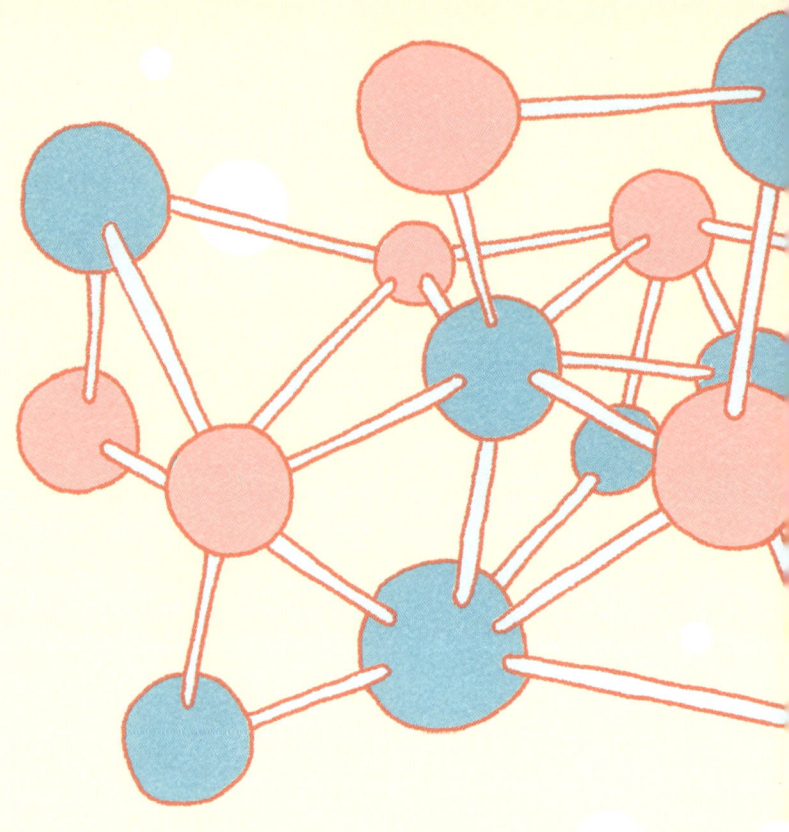

 또한, 나노 섬유는 수십~수백nm 두께의 아주 가는 실로 이루어진 덕분에 피부처럼 매끄러운 데다 종이보다 얇고 가볍습니다. 이런 나노 섬유로 옷을 만들면 질기고 더러워지지 않을 뿐만 아니라 바이러스나 박테리아가 통과할 수 없는 놀라운 옷을 만들 수 있지요. 인조 피부나 의료용 붕대로 이용할 수도 있습니다. 즉, 사람 몸의 생체 조직과 비슷하게 만든 인공 단백질로 나노 섬유를 만들면, 이것으로 상처가 아물면서 바로 몸속으로 흡수되는 붕대나 인조 피부를 만들 수 있다는 얘기지요. 나노 섬유는 또 부피보다 표면적(물체 겉면의 면적. 나노기술로 물건을 잘게 쪼개면 부피는 그대로지만 다른 물질과 접촉하거나 맞닿는 면적이 넓어져 표면적이 커진다)이 엄청나게 커서 오염물질이나 불순물 따위를 걸러내는 필터 재료로 쓰면 뛰어난 효과를 얻을 수 있습니다.

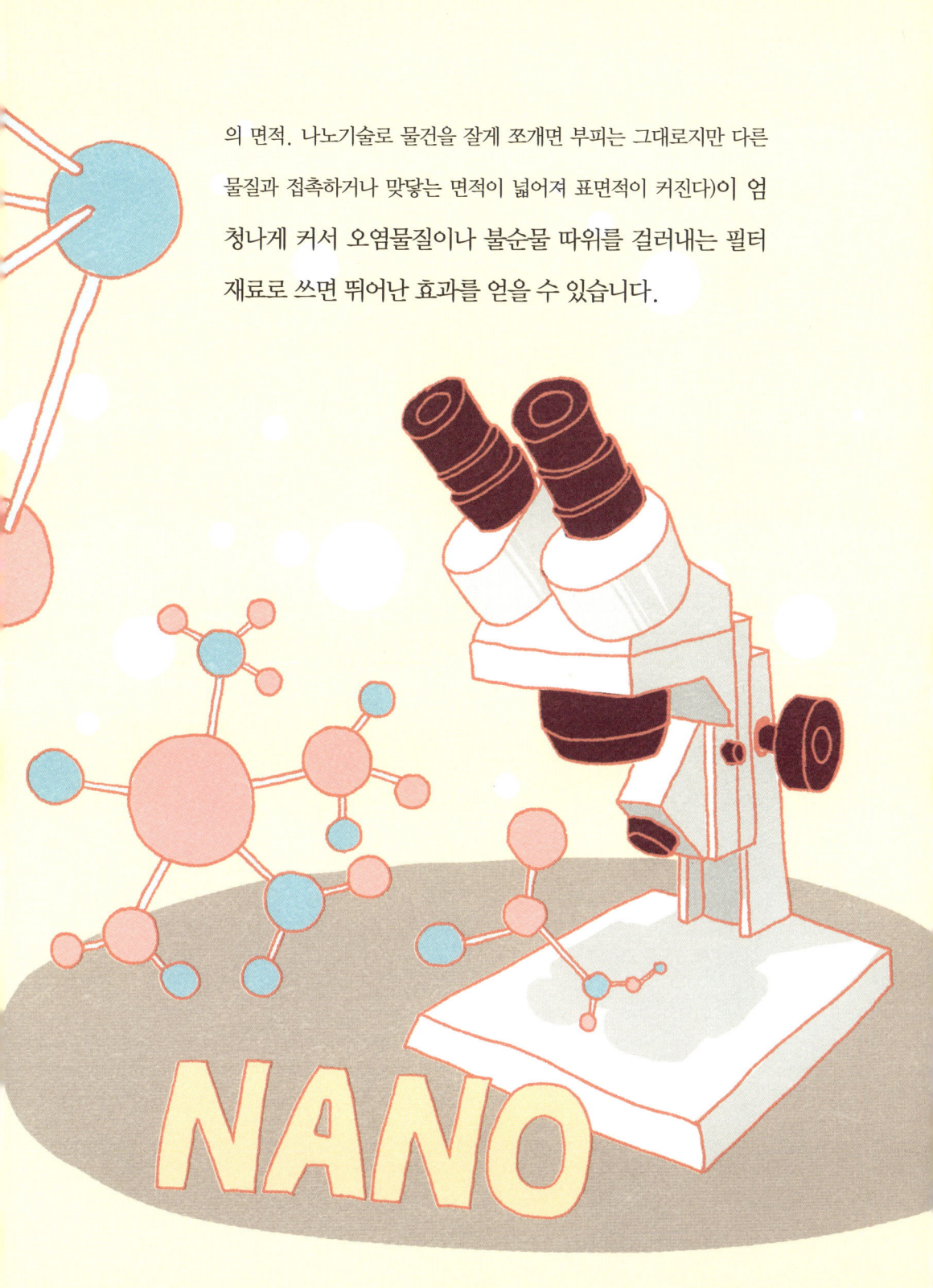

또 어쩌면 여러 가지 언어의 동시통역을 해 주는 희한한 기계가 개발될지도 모릅니다. 귀에 쏙 집어넣을 수 있을 정도로 작은 기계에 많은 양의 언어를 저장하고 아주 빠르게 정보를 처리하도록 만든다는 아이디어지요. 나아가 스마트폰에 기존 것으로는 상상도 못할 정도의 엄청난 기능을 새로 추가하게 될 수도 있습니다. 에너지를 거의 쓰지 않는 컴퓨터, 도서관에 있는 많은 양의 자료와 정보를 모두 담을 수 있는 각설탕 크기의 칩 같은 것도 만들 수 있으리란 전망도 나오고 있고요.

이런 나노기술은 벌써 현실에서 위력을 발휘하고 있습니다. 예를 들어 나노 화장품은 이미 개발되어 쓰이고 있습니다. 화장품 입자 크기가 피부 세포 간격보다 작아서 세포 사이를 통과하므로 몸속으로 화장품 성분이 잘 전달될 수 있다지요. '통증 없는 주사기'도 개발됐다고 합니다. 나노기술로 주사기를 아주 가늘고 작게 만들면 통증을 일으키는 신경세포가 있는 조직까지 주삿바늘이 미치지 않아 아프지 않다고 합니다.

이처럼 나노기술은 적용하거나 응용할 수 있는 범위가 매우 넓어서 다른 과학기술과 융합하여 더욱 크고 다채로운 효과를 낼 수 있습니다. 가령, 정보통신 분야에서는 모든 정보통신 시스템을 아주 작게 만들어 어떤 기기든 손쉽게 가지고 다닐 수 있도록 해 줄 것입니다. 생명공학, 의학, 약학에서는 동식물 유전자를 바꾸고 합성 피부나 혈액 대체 물질 등을 개발하는 데 활용될 것입니다. 병을 치료하는 데서는 병이 난 특정한 부위만 찾아가서 약물을 주입함으로써 치료 효과를 높이는 동시에 부작용은 크게 줄이는 일이 가능해질 전망이고요. 환경 분야에서는 눈에 보이지 않는 먼지 등과 같이 극히 작은 오염물질을 없애는 물질을 개발하는 데 적용될 수 있습니다. 항공이나 우주 분야에서는 작은 곤충 크기의 초소형 비행체나 아주 가벼운 우주선을 개발하는 데 활용할 수 있겠지요.

자, 어떤가요? 나노기술이 미래 과학기술과 산업을 이끌어 나갈 '꿈의 기술'로 불리는 이유를 알 수 있겠죠?

나노기술이 드리우는 그늘

그런데 말입니다. 나노기술이 마냥 좋고 경이롭기만 한 걸까요? 그건 아닙니다. 사실은 그 반대로 나노기술이 낳을 여러 가지 위험과 부작용을 우려하는 목소리가 갈수록 커지고 있습니다. 핵심은 물질의 크기가 지나치게 작아지면 예상치 못한 문제를 일으킬 가능성이 크다는 점입니다.

물질의 모양, 크기, 형태가 변하면 전혀 예상하지 못했던 독성이 새롭게 생길 가능성이 크다는 게 많은 전문가의 의견입니다. 그런데 나노 입자는 너무 작아서 호흡기나 피부를 통해 사람 몸 안으로 얼마든지 들어올 수 있습니다. 더구나 그렇게 몸 안에 들어온 나노 입

석면은 건축 재료로 널리 쓰였으나 치명적 질병을 일으킨다는 사실이 뒤늦게 밝혀졌다.

자는 세포 속이나 몸속을 여기저기 마음대로 돌아다닐 수도 있습니다. 폐나 심장, 심지어 뇌까지도 침투할 수 있다지요.

이렇게 침투한 나노 입자는 사람의 건강과 생명에 어떤 영향을 미칠까요? 물론 명백하게 밝혀진 것은 아직 없습니다. 하지만 우려가 현실로 나타날 가능성이 상당히 크다는 건 부인하기 어렵습니다. 이런 사실을 잘 보여 주는 게 석면과 DDT입니다.

석면과 DDT의 교훈

자연에서 얻을 수 있는 광물의 일종인 석면은 한때 '기적의 광물', '꿈의 섬유'로 불렸다. 열에 강한 데다 전기나 열을 막아 주는 성능이 뛰어나 특히 건축 자재로 널리 쓰였다. 석면은 그냥 덩어리로 있을 때는 별다른 문제를 일으키지 않는다. 하지만 석면 가루가 코와 입 같은 호흡기를 통해 사람 몸에 들어가면 폐암을 비롯해 여러 가지 치명적인 질병을 일으킨다는 사실이 뒤늦게 밝혀졌다. 사용해서는 안 되는 '위험 폭탄'이었던 것이다. 그 결과 국제 보건 기구와 수많은 나라 정부에서는 석면을 1급 발암 물질로 규정해 사용을 금지했다. 하지만 전 세계에서 석면으로 사망하는 사람이 해마다 10만 명에 이른다고 한다. 그동안 수많은 곳에서 이미 석면을 사용한 탓에 뒤늦게 그 피해가 생기고 있는 것이다. 지금도 석면 사용을 엄격히 규제하고는 있다. 하지만 건설 자재, 자동차 부품, 화장품, 의약품 등 무려 3,000여 종에 이르는 제품에 사용된 석면을 일일이 찾아내 규제하는 건 쉬운 일이 아니라고 한다.

살충제로 널리 알려진 DDT도 비슷한 사례다. DDT 역시 처음엔 사람이나 동식물에 피해를 주지 않는 살충제로 큰 인기를 끌었다. 살충제와 제초제로 널리 쓰이면서 농업 생산량을 높이고 질병을 물리치는 데 크게 이바지했다는 평가를 받기까지 했다. 하지만 1960년대에 사람과 자연을 망가뜨리는 독성이 있다는 게 밝혀졌고, 논란을 거듭하다가 급기야 1970년대에는 사용이

이제 사용이 금지된 DDT 농약

중단되었다. 맛이나 냄새가 없는 흰색 가루 형태의 DDT는 물에 씻겨 내려가지 않고 지방에 녹는 성질을 지녔다. 그래서 DDT를 뿌리면 흙이나 곡식에 쌓이고, 이것이 먹이사슬을 따라 물고기와 새 그리고 결국엔 사람 몸속에 쌓이게 된다. 결국, DDT는 생태계를 파괴할 뿐만 아니라 사람 몸속에 쌓여 암과 같은 무서운 병을 일으킨다는 사실이 뒤늦게 밝혀지면서 '죽음의 약'으로 전락하고 말았다.

석면과 DDT 둘 다 처음 등장했을 땐 산업을 발전시키거나 질병을 예방하거나 농사짓는 데 도움이 되는 물질로 큰 기대를 모았다. 하지만 나중에는 사용 자체를 법으로 중단시킬 정도로 해로운 물질이라는 것이 밝혀졌다. 지금 당장은 훌륭해 보여도 그 안에 숨겨진 위험을 놓치면 돌이키기 어려운 피해를 볼 수도 있다는 사실을 잘 보여 주는 사례들이다. 나노기술 또한 다르지 않다.

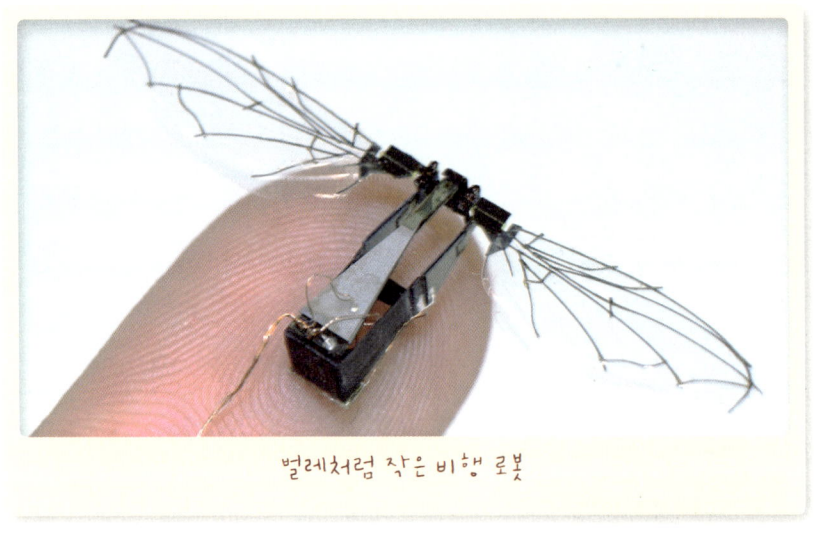

벌레처럼 작은 비행 로봇

　사실, 물질의 성질을 조작하고 바꾸는 것은 그 자체로서 자연의 본성을 크게 어지럽히고 망가뜨리는 일입니다. 실제로 미국 어느 의대 연구팀의 실험 결과, 지름 20㎚ 크기의 입자를 쥐에게 15분 동안 들이마시게 했더니 4시간 안에 죽었지만, 그보다 6배 이상 크게 만든 입자를 들이마시게 했을 땐 죽지 않았다고 합니다. 탄소 나노튜브를 주입한 쥐의 폐가 심각하게 망가졌다는 실험 결과가 발표된 적도 있고요. 또 몇몇 특정 나노 입자는 크기가 작을수록 독성이 강해져 염증을 일으키는 것으로 밝혀졌습니다. 게다가 나노 입자는 태아에게도 전달될 수 있고 유전자에 영향을 미칠 수도 있는 만큼 더 위험하다고 할 수 있습니다.

  나노기술이 군사적 목적으로 쓰인다면 어떤 일이 벌어질까요? 예를 들어 눈에 보이지도 않는 작은 벌레 같은 로봇이 개발되어 멀리 떨어진 인간에게 날아가 독극물을 주입하게 될 가능성은 없을까요? 또한, 나노기술로 컴퓨터 기능이 획기적으로 높아져 개인의 유전 정보를 비롯해 수많은 정보를 한곳에서 독점할 수도 있습니다. 티끌 같은 작은 컴퓨터들이 이리저리 날아다니거나 사람 몸에 들러붙어 인체 정보를 특정한 곳으로 보낼 수도 있고요.

  나노 입자가 환경을 오염시킬 가능성도 큽니다. 나노 입자가 자연으로 퍼져 나가 생태계와 다른 생명체에 피해를 줄 수 있다는 거지요. 나노 입자는 같은 양의 다른 입자에 견주어 표면적이 매우 넓어서 화학반응을 아주 활발하게 일으킵니다. 그래서 입자 크기가 클 때는 어떤 특정 물질과 화학반응이 일어나지 않던 물질도 나노 크기로 작아지면 화학반응이 일어날 수 있습니다. 이는 곧, 나노 입자가 자연으로 나오면 본래부터 자연에 존재하는 물질들과 예상치 못한 화학반응을 일으킬 수 있고, 그 결과 이전에는 없던 새로운 오염물질이나 화학물질 쓰레기를 만들어 낼 수도 있음을 뜻합니다.

  나노 입자는 좀체 파괴되지 않습니다. 다른 물질과 쉽게 반응합니다. 사람이나 자연 생태계에 해로운 물질을 합성할 수도 있고 운반할 수도 있습니다. 바람을 타고 다른 장소로 이동하기도 쉽습니다. 이 모두 나노기술이 자연환경에 심각한 문제를 일으킬 위험이 크다는 것을 알려 주는 특성들이지요. 그래서 미국 신문 〈뉴욕 타임스〉는 '인류를 파멸로 몰고 갈 10대 재앙' 가운데 하나로 나노기술을 꼽기까지 했습니다.

나노기술은 과학기술 발전이 얼마나 놀라운 능력을 발휘할 수 있는지를 구체적으로 보여 줍니다. 하지만 동시에, 그것을 인간의 이익과 편리를 위해 함부로 다루다간 감당하기 어려운 위험과 재앙에 빠질 수 있다는 사실 또한 잘 보여 줍니다. '빛'과 '그늘'을 동시에 거느린 첨단 과학기술의 '두 얼굴'이 잘 드러나는 또 하나의 대표 사례라고 할 수 있지요.

6장

무기와 우주 개발

전쟁과 평화, 과학기술의 관계는?

잘 쓰면 '약',
잘못 쓰면 '독'

텔레비전 뉴스 등에서 요즘 벌어지는 전쟁이 어떤 모습인지 본 적이 있을 것입니다. 사람은 보이지 않고 미사일이나 전투기 같은 최첨단 무기들이 불꽃을 내뿜으며 하늘을 휙휙 날아다니는 장면 같은 것 말입니다. 이런 걸 보면 실제 전쟁이 아니라 마치 컴퓨터 게임을 하는 것 같지 않던가요?

수많은 전투기를 동시에 감시할 수 있는 공중 조기경보기, 적군 부대의 움직임을 속속들이 알아낼 수 있는 초정밀 컴퓨터 추적 장치, 레이더에도 잡히지 않는 스텔스 전투기와 토마호크 미사일, 날아오는 적군의 미사일을 공중에서 파괴할 수 있는 패트리엇 미사일

미국 정부가 비키니 섬에서 벌인 핵실험

같은 최첨단 무기들이 총동원되는 게 현대 전쟁입니다. 들판이나 숲 같은 데서 적군과 직접 맞붙어 칼과 창을 휘두르고 화살을 쏘아대는 옛날 옛적의 전쟁 모습은 상상할 수조차 없지요.

전쟁 무기의 이런 놀라운 발전을 이룩한 게 바로 과학기술입니다. 하지만 두말할 나위도 없이 무기란 게 결국은 사람을 죽이는 도구에 지나지 않습니다. 다시 말해, 과학기술을 발전시켜 성능이 좋은 첨단 무기를 새롭게 개발할수록 더욱 많은 사람을 더욱 손쉽게 죽일 수 있는 거지요. 이처럼 잘 쓰면 '약'이 되지만 잘못 쓰면 '독'이 되는 게 과학기술입니다. 전쟁과 과학기술, 무기와 과학기술의 관계는 이러한 과학기술의 모순을 생생하게 보여 줍니다.

'독가스의 아버지'와 '원자폭탄의 아버지'

 자 그런데, 여기서 한번 던져봄 직한 중요한 질문이 있습니다. 전쟁이 터졌을 때 과학자는 어떻게 해야 할까요? 조국의 승리를 위해 사람을 대량으로 죽이는 무기 개발에 앞장서야 할까요? 아니면 생명을 지키는 편에 서서 국가의 요구를 거절해야 할까요?

 과학의 역사에서 앞의 입장을 선택한 대표적인 과학자로는 독일의 프리츠 하버가, 뒤의 입장을 선택한 대표적 과학자로는 미국의 로버트 오펜하이머가 손꼽힙니다. 둘 다 전쟁 무기 개발에 앞장섰던 건 똑같습니다. 제1차 세계대전(1914~1918년) 때 활동한 하버는 '독가스의 아버지'로, 제2차 세계대전(1939~1945년) 때 활약한 오펜하이머는 '원자폭탄의 아버지'로 불리지요. 하지만 오펜하이머는 나중에 원자폭탄보다 더 무서운 핵폭탄인 수소폭탄 개발에 적극적으로 반대함으로써 하버와는 다른 길을 걸었습니다.

먼저 하버 이야기부터 살펴보지요. 하버가 과학자로서 이름을 날리기 시작한 건 인공 질소 비료를 개발한 덕분이었습니다. 식물에 꼭 필요한 영양소인 질소를 손쉽게 얻으면 농업 생산량을 크게 늘릴 수 있습니다. 공기 중에 풍부하게 존재하는 질소를 고정해 질소 비료를 대량 생산할 수 있는 암모니아 합성이라는 방법을 개발한 사람이 바로 하버입니다. 그 공로를 높이 평가받아 노벨화학상까지 받았지요. 그런데 하버는 1차 세계대전이 시작되자 자신의 조국인 독일의 승리에 이바지하려고 무기 개발에 뛰어들게 됩니다.

그는 고성능 수류탄도 연구하고 폭약 원료를 만들기도 했는데, 그가 새롭게 개발한 대표적인 무기는 독가스입니다. 전쟁이 한창이던 1915년에 그가 개발한 독가스가 처음으로 사용됐지요. 그 결과는 참혹했습니다. 5,000명이 넘는 병사가 한순간에 떼죽음을 당하고 말았거든요. 독가스를 처음 맞은 그들은 무슨 일이 벌어졌는지도 모르는 채 참호 속에서 고통스럽게 죽어갔습니다. 하지만 그런 일을 당하고서도 가만히 있을 바보는 없잖아요? 결국은 상대 쪽도 독가스를 개발해 사용했고, 그 결과 전쟁이 끝날 때까지 무려 10만

프리츠 하버

명이 넘는 병사가 독가스로 죽고 말았습니다.

하지만 정작 하버는 자기가 한 일을 당연한 것으로 여겼습니다. 심지어 같은 화학자였던 아내가 그의 독가스 개발을 반대하다 뜻을 이루지 못하자 그의 권총으로 자살하기까지 했지요. 그런데도 그는 독가스 개발을 멈추지 않았습니다. 그는 이렇게 말했다고 합니다. "과학은 평화로울 때는 인류의 것이지만 전쟁 중에는 조국의 것이다." 그러나 이런 신념을 지녔던 하버의 최후는 비참하기 짝이 없었습니다. 전쟁이 끝난 뒤 전쟁 범죄자로 낙인찍혀 숨어서 지내기도 하고, 몸담고 있던 연구소에서 쫓겨나기도 했지요. 그러다 결국 스위스의 어느 초라한 호텔에서 심장마비로 쓸쓸하게 생을 마치고 말았습니다.

다음은 오펜하이머 이야기입니다. 잘 알다시피 2차 세계대전을 끝낸 결정타는 원자폭탄이라는 공포의 핵무기였습니다. 미국이 전쟁 막바지에 인류 역사상 처음이자 마지막으로 사용한 원자폭탄은 히로시마와 나가사키라는 일본의 두 도시를 한순간에 잿더미로 만

로버트 오펜하이머

들어 버렸고 수많은 사람을 희생시키고 말았습니다. 그 무시무시한 파괴력을 보고서 더 버틸 수 있는 나라는 없었지요. 전쟁은 그렇게 끝났습니다.

　이 원자폭탄을 개발한 주인공이 바로 오펜하이머입니다. 그는 흔히 '맨해튼 프로젝트'라 불리는 미국의 핵무기 개발 계획의 과학기술 부문 최고 책임자였습니다. 그는 탁월한 능력을 발휘해 핵무기 개발을 성공으로 이끌었습니다. 하지만 첫 폭발 실험을 마치고 나서 방공호를 걸어 나오면서 그는 이렇게 읊조렸다고 합니다. "나는 이제 세계의 파괴자, 죽음의 신이 되었다."

　1945년에 전쟁이 끝난 뒤 전 세계 차원에서 미국이 주도하는 자본주의 진영과 소련 중심의 사회주의 진영이 살벌하게 대결하는 이른바 냉전 체제가 굳어졌습니다. 그런 상황에서 소련이 핵무기 개발에 성공하자 세계적으로 핵무기 개발 경쟁에 불이 붙었습니다. 원자폭탄의 수백 배에 달하는 엄청난 파괴력을 지닌 수소폭탄을 개발하려는 움직임이 일어난 게 이때였지요. 하지만 핵무기의 끔찍함을 생생하게 경험한 오펜하이머는 이에 반대했습니다. 나아가 그는 핵무기와 원자력을 통제하는 국제기구를 만들자는 주장에 동의하기까지 했습니다. 핵무기 개발과 확산을 막으려고 적극적으로 노력한 거지요.

하지만 그는 그 대가를 톡톡히 치러야만 했습니다. 국회 청문회에 끌려나가 비밀정보를 소련에 넘겨줬다는 혐의로 곤욕을 치르는가 하면, 핵무기 관련 정책에 관여할 수 있는 권리를 빼앗기기도 했습니다. 그러나 그 덕분에 오펜하이머는 오늘날 인류 평화를 위해서 국가의 잘못된 명령을 거부한 과학자로 평가받고 있습니다. '인류 최악의 발명품'이라 불리는 원자폭탄을 개발한 자신의 행위에 깊은 죄책감을 느낀 그는 나중에 미국 대통령에게 보내는 편지에서 이렇게 말했습니다. "새로운 세상을 만드는 과정에서 과학자들이 죄를 저질렀습니다."

'악마의 저주'와 '천사의 선물' 사이에서

　자 여러분, 두 사람 얘기를 들으니 어떤 생각이 드나요? 만약 전쟁이 터졌을 때 첨단 무기를 개발하라는 국가의 요구를 여러분이 받는다면 어떻게 하는 게 좋을까요?

　흔히들 과학이란 일부 집단이나 국가의 소유물이 아니라 인류 모두의 자산이라고 여깁니다. 또 파괴와 죽임의 도구가 아니라 평화와 행복의 수단이 되어야 한다고 쉽게 말하기도 하지요. 하지만 안타깝게도 현실에서는 그렇지 않을 때가 무척 많습니다. 특히 전쟁과 같은 극단적이고 특수한 상황에서는 더욱 그렇지요. 어떤 과학자도 전쟁 중에 국가의 부름과 명령을 거부하기란 쉬운 일이 아닐 것입니다.

그럼, 평화로울 때는 어떨까요? 평상시에도 수많은 과학자가 인류 전체를 위해서가 아니라 무기 개발과 같은 비도덕적인 국가 이익을 위한 일에 매달릴 때가 많은 건 어슷비슷합니다. 책 앞부분에서도 말했듯이, 현대에 들어서는 국가 지원 없이 과학 활동을 하는 게 어려워진 탓이지요. 또 과학기술 수준이 국가 경쟁력의 잣대로 여겨지다 보니 나라마다 과학기술 발달에 막대한 돈과 노력을 쏟아 붓고 있는 탓이기도 하고요. 그래서 이 또한 앞에서 말했듯이, 오늘날 과학기술은 권력과 정치의 시녀가 되었다는 말까지 나오기도 합니다.

과학 연구가 끔찍한 전쟁 무기 개발에 동원되는 모습은 과학이 '천사의 선물'이 아니라 얼마든지 '악마의 저주'로 바뀔 수도 있다는 사실을 새삼스럽게 일깨워 줍니다. 이 책은 과학이 '두 얼굴'을 가진 양날의 칼이라는 얘기를 되풀이해서 강조하고 있습니다. 전쟁 무기 개발은 이것을 보여 주는 사례들 가운데서도 가장 극단적인 경우라고 할 수 있겠지요.

노벨 물리학상을 받은 유명한 프랑스 과학자 피에르 퀴리가 한 다음과 같은 말은 이런 속성을 지닌 현대 과학기술을 어떻게 대해야 할지를 잘 알려 줍니다. "자연의 비밀을 알아내는 것도 인간이지만, 그 비밀을 앎으로써 과연 우리 인류가 얻는 것이 무엇인지도 질문할 줄 알아야 한다."

인류의 오랜 꿈, 우주 개발

"이것은 한 인간에게는 작은 발걸음에 불과하지만, 인류에게는 위대한 도약입니다."

1969년 7월 20일, 인류 역사상 맨 처음으로 달을 밟은 미국 우주인 닐 암스트롱이 남긴 말입니다. 이날 달 착륙이라는 인류의 오랜 꿈이 마침내 이루어지던 순간, 전 세계 수많은 사람은 환호성을 올리며 벅찬 감격에 빠져들었습니다. 지구를 떠나 우주에 첫발을 내디딘 인간의 위대함과 과학기술의 놀라운 승리를 찬양하면서 말입니다.

사실 우주 시대가 처음 열린 것은 1957년 소련이 인류 최초의 인

아폴로11호 이륙 모습, 1969년 7월 20일

공위성인 스푸트니크호를 성공적으로 발사하면서부터라고 할 수 있습니다. 1961년에는 인류 최초로 옛 소련의 우주비행사 유리 가가린이 우주선을 타고 궤도 비행에 성공했고요. 그러다 1969년 미국의 아폴로 11호가 달 착륙에 성공하면서 바야흐로 우주 시대로 비약하는 문이 활짝 열린 거지요. 이 사건은 이후 인류가 우주를 향해 더욱 원대한 꿈을 키워 나가겠다는 의지를 만천하에 알리는 본격적인 신호탄이었습니다.

그런데 우주 개발에서 빠짐없이 등장하는 게 로켓, 미사일, 인공위성 같은 것들입니다. 그래서 우주 개발 이야기를 쉽게 이해하려면 이것들이 무엇인지를 정확하게 아는 게 좋습니다.

로켓, 인공위성, 미사일이란?

우주 개발 이야기에서 자주 등장하는 용어로 로켓, 인공위성, 미사일 등이 있다.

로켓이란 우주로 쏘아 올려져 우주를 비행하는 물체를 말한다. 아주 높은 온도와 압력의 가스를 순간적으로 배출시키면 그 반작용으로 앞으로 튀어 나가는 강력한 추진력을 얻을 수 있는데, 이런 원리를 이용해 만든 비행체가 곧 로켓이다. 우리말로는 우주 발사체 또는 운반체라 부르기도 한다.

'사람이 만든 별'이라 불리기도 하는 인공위성은 지구와 같은 행성의 둘레를 돌 수 있도록 로켓을 이용해 쏘아 올린 인공장치를 말한다. 종류가 아주 다양하다. 상대방 적국의 움직임을 알아내는 등 군사적 용도로 사용하는 군사 위성, 날씨를 조사하는 기상 위성, 다른 나라의 방송을 볼 수 있게 해 주고 이동통신을 가능하게 해 주는 통신 위성, 배나 비행기나 사람의 현재 위치를 알려주는 항행 위성, 우주를 관측하기 위한 천문 위성 같은 것들이 있다. 1957년 옛 소련에서 첫 인공위성 발사에 성공한 뒤 여러 나라에서 5,000개가 넘는 위성을 쏘아 올렸다. 하지만 수명이 다하거나 고장이 나서 못 쓰는 것들을 빼면 현재 실제로 사용하는 건 1,000여 개 정도라고 한다.

미사일은 로켓에 핵폭탄과 같은 무기를 실은 것을 가리킨다. 그러니까 인공위성이든 미사일이든 로켓에 싣고 쏘아 올리는 기술적 원리는 똑같다고 할

인공위성과 트라이던트 미사일

수 있다. 즉, 같은 로켓으로 폭탄 같은 걸 실어 쏘아 올리면 전쟁 무기인 미사일이 되는 것이고, 인공위성을 태워 쏘아 올리면 평화적으로 이용하는 것이 된다. 이처럼 우주 개발과 무기 개발은 그리 멀리 떨어진 게 아니다.

여기서 핵심은 로켓입니다. 상자 글에서 보듯이 로켓이란 지구를 박차고 우주 공간으로 쏘아 올려져 우주를 비행하는 물체를 가리킵니다. 주목할 것은, 이 로켓이 전쟁 무기 개발과 깊은 관계를 맺고 있다는 점입니다. 로켓의 위력을 생생하게 보여준 계기 또한 제2차 세계대전이었지요. 독일의 비밀병기 'V2 로켓'이 그 주인공입니다. V2 로켓을 이용한 독일의 미사일은 워낙 빠른 데다, 접근하는 움직임을 미리 알아낼 수 있는 폭격기와는 달리 언제 어디서 날아올지 알 수 없었던 탓에 수많은 사람을 공포의 도가니로 몰아넣었습니다. 그래서 그 뒤 강대국들 사이에 미사일 개발 붐이 일어났습니다. 그 가운데서도 특히 핵폭탄을 실어 대륙 너머까지 날려 보낼 수 있는 미사일 개발 경쟁이 가장 뜨거웠지요.

　이처럼 우주 개발은 강대국들 사이의 힘겨루기에 활용됐습니다. 미국이 1969년 달 착륙에 성공한 것도 사실은 당시 미국과 함께 세계를 주름잡던 옛 소련과 벌인 우주 개발 경쟁의 결과라고 할 수 있

지요. 좀 전에 말했듯이 소련은 1957년에 미국보다 앞서 세계 최초의 인공위성인 스푸트니크 1호를 쏘아 올렸습니다. 이에 화들짝 놀란 미국이 우주 개발 경쟁에서 소련을 이기려고 전 국가적으로 총력전을 펼친 결과가 바로 아폴로 11호의 달 착륙이었습니다. 최근 들어 중국을 비롯해 새롭게 떠오르는 강대국들이 우주 개발 사업에 막대한 돈과 노력을 퍼붓고 있는 이유도 비슷합니다. 이제 자기들도 강대국으로 우뚝 섰다는 걸 온 세계에 과시하려는 거지요.

이러는 과정에서 우주 개발을 둘러싼 논쟁도 점점 뜨거워져 왔습니다. 처음엔 열광과 환호가 훨씬 컸지만, 세월이 흐르면서 우주 개발이 드리우는 그늘도 점차 짙어진 탓이지요. 그 내용을 간략히 소개하면 다음과 같습니다.

우주 개발을 둘러싼 논쟁

먼저 우주 개발을 찬성하는 쪽 이야기를 들어볼까요?

우주 개발은 꼭 필요합니다. 지금 지구는 자원과 에너지가 갈수록 줄어들고 있습니다. 반면에 인구는 급속하게 늘고 있고, 환경 파괴도 아주 심각합니다. 이 문제를 해결하려면 지구를 넘어 우주로 나아가야 합니다. 드넓은 우주를 개척하다 보면 새로운 자원이나 에너지원을 찾아낼 수도 있고, 어쩌면 사람이 살 수 있는 별이 있을지도 모르니까요. 이런 기대가 허황한 꿈이라고요? 꼭 그런 것만은 아닙니다.

실제로 현재 달 표면에 우주기지를 건설하려는 계획이 진행 중입니다. 아마도 구상대로 이루어진다면 달 표면의 얼음을 분해하여 물과 산소를 얻을 수 있게 되겠지요. 화성에도 인간이 발을 디디게 될 것입니다. 화성은 태양계에서 지구 다음으로 인간이 살 수 있는 조건을 갖춘 행성으로 손꼽히지요. 이런 식으로 우주 과학기술이 발전하다 보면 다른 행성이나 위성에 있는 자원을 이용할 길이 얼마든지 열릴 수 있습니다. 어쩌면 지구 대신에 우리 후손들이 살아갈 새로운 거주지를 찾아낼지도 모르지요. 외계인 같은 다른 생명체를 만날 수도 있고요. 한마디로 우주 개발은 인류의 새로운 미래를 열어 줄 수 있는 무한한 가능성을 품고 있는 셈입니다.

더구나 우주 과학기술은 일상생활에도 큰 도움과 혜택을 줍니다. 우주 과학기술은 인공위성이나 디지털 영상 같은 우리 생활에 아주 가까운 기술의 개발을 이끌었습니다. 우리는 인공위성 덕분에 지구 반대쪽에서 열리는 스포츠 경기를 실시간으로 시청할 수 있습니다. 기상 관측, 재난 감시, 자원 개발, 정밀 지도 제작 등에서도 인공위성은 요긴한 구실을 합니다. 자동차에 부착된 내비게이션 또한 인공위성이 제공하는 위치 정보를 이용하지요.

인공위성이 없으면 이제 전쟁을 치를 수도 없습니다. 적군의 움직임을 상세하게 파악하고 각종 시설과 무기의 정확한 위치를 알려면 인공위성을 반드시 활용해야 하니까요. 뜻밖에도 우주 과학기술은 전자레인지, 공기청정기 같은 것을 만드는 데에도 활용됩니다. 중력이 없거나 극도의 진공 상태이거나 극심하게 춥거나 더운 것과 같은 극단적인 환경에서 개발되는 것이 우주 기술이다 보니 일상생활에도 적용할 수 있는 다양한 쓸모가 생겨나는 거지요.

우주 개발 사업은 또한 커다란 경제적 가치를 만들어 내고 있습니다. 우주 개발을 하려면 최첨단 기술과 산업을 모두 발전시켜야 하니까요. 수많은 나라가 우주 개발에 적극적으로 나서는 이유 또한 그만큼 돌아오는 이익과 혜택이 크기 때문입니다. 우주 개발에서 앞서간다는 건 그만큼 강대국이자 선진국 자리로 올라섰다는 걸 증명해 주는 것입니다.

이번엔 반대쪽이 내놓는 반론입니다.

우주 개발을 무작정 찬성하는 건 짧은 생각입니다. 지금 수많은 나라가 우주 개발에 천문학적인 비용과 자원을 쏟아 붓고 있지만 '밑 빠진 독에 물 붓기'가 될 수도 있습니다. 언제 어떤 성과가 나올지, 그 성과가 인류에게 실제로 얼마나 도움이 될지 불확실한 상황에서 쓸데없는 낭비일 수도 있다는 거지요. 오히려 그 돈을 더 시급하고 중요한 일에 쓰는 게 바람직하지 않을까요? 이를테면 가난하고 굶주리는 사람들, 아픈 사람들, 교육을 제대로 받지 못하는 사람들을 위해 쓰거나, 환경 파괴를 막고 지구를 살리는 데 쓰는 게 더

현명하다는 얘깁니다.

　더구나 우주 개발 사업에 쓰이는 막대한 돈은 대부분 국민 세금에서 나옵니다. 우주 개발과 같은 거대 사업은 국가가 나서지 않으면 도저히 해낼 수 없으니까요. 그런데 세금을 어디에 얼마나 쓸지는 국민의 뜻에 따라야 합니다. 하지만 대부분 나라에서 우주 개발 사업은 정부가 일방적으로 결정하고 주도하는 탓에 일반 국민은 그저 구경꾼이 될 수밖에 없습니다. 이는 민주주의에도 어긋나는 잘못된 일입니다.

　가장 중요한 것은, 우주 개발이 사실은 강대국과 부자나라들이 벌이는 잔치일 뿐이라는 점입니다. 우주 개발로 생기는 이익을 독차지하는 것도 이들이지요. 우주 공간을 서로 더 많이, 더 빨리 차지하려는 이들 나라의 경쟁이 평화를 파괴할 위험도 아주 큽니다. 첨단 무기 개발과 같은 군사적 목적이 우주 개발의 바탕에 깔린 탓이지요. 소수 강대국만이 자신의 힘을 뽐내고 영향력을 키우는 데 활용되는 지금의 우주 개발은 국제적인 분쟁이나 갈등을 부추길 가능성이 큽니다.

　자 여러분, 이렇게 서로 다른 얘기들을 들어 보니 어떤 생각이 드나요? 우주 개발의 참모습은 과연 뭘까요? 무한히 펼쳐진 미지의 우주로 나아가려는 순수한 과학 활동일까요? 아니면, 강대국들이 벌이는 별 쓸모도 없는 국력 경쟁과 패권 다툼일까요?

분명한 것은 오늘날 우주 개발 사업이 국가가 주도하는 거대 규모의 과학기술 프로젝트가 되었다는 사실입니다. 특히 다른 나라보다 뛰어난 우주 과학기술을 과시함으로써 자기 나라가 강대국임을 뽐내고, 나아가 정치·경제·군사 차원에서 이익을 얻으려는 국제적인 경쟁을 계속해 온 게 그간의 현실입니다. 그래서 우주 개발 사업이 과학 본연의 순수한 탐구열과 지적 호기심에 큰 흠집을 내고 있다는 건 부인하기 어렵습니다. 물론 그렇다고 해서 우리에게 끊임없이 꿈과 상상력, 그리고 새로운 세계를 향한 도전 의지와 용기를 불어넣어 주는 우주의 가치가 줄어드는 건 아니겠지만 말입니다.

광활하고 신비로운 미지의 세계, 우주. 오늘날 과학기술 발전에 힘입어 이 우주에 담긴 수많은 비밀도 한 꺼풀씩 벗겨지고 있습니다. 동시에 인간의 필요와 욕심에 따라 우주를 개발하고 정복하려는 움직임 또한 끊임없이 이어지고 있습니다. 엄청나게 많은 돈을 내면 '우주 관광'이란 것도 할 수 있다지요. 아마도 이런 흐름 자체를 거스르긴 어려울 것입니다. 그리고 그러는 가운데 우리는 우주와 조금씩 가까워질 것입니다.

결국, 우리가 던져야 할 질문은 이런 게 아닐까 싶습니다. 우주로 나아가는 것이 강대국들의 돈 잔치와 힘 다툼에서 끝나는 게 아니라 우리 인류의 평화와 안녕을 높이는 데 도움이 되는 길은 뭘까? 더 근본적으로, 왜 우리는 자꾸 우주로 나아가고자 하는 걸까? 왜 우리는 지구 밖에서 인류의 거주지와 새로운 자원을 찾으려 할까?

이런 물음들에 대한 여러분 생각은 어떤가요? 우리는 혹시 이 지구에서 어떻게든 해결해야 할 일을 바깥 우주로 자꾸 떠넘기려는 건 아닐까요? 막연한 호기심에 사로잡혀 정작 현실의 중요한 문제들을 놓치고 있는 건 아닐까요? 우주 개발은 물론 필요하고 중요합니다. 하지만 그에 앞서 찬찬히 따져봐야 할 대목이 적지 않습니다. 이것은 비단 우주 개발만이 아니라 21세기 과학기술 전체가 우리에게 던지는 질문이기도 합니다.

7장

과학기술의 미래

'좋은' 과학기술을 꽃피우려면?

인간의 얼굴을 한 과학기술

현대 과학기술이 휘황찬란하게 펼쳐 보이는 새롭고도 신기한 세상은 무척이나 매력적이고 환상적입니다. 그래서일까요? 과학기술이 결과적으로는 모든 것을 좋게 만들어 주리라는 기대와 희망을 품고 있는 사람이 적지 않습니다. 지금 드러나는 여러 문제와 한계, 결점과 단점은 나중에 과학기술이 더 발전하면 해결될 거라고 여기기도 하고요. 말하자면, 과학기술이 일으키는 문제를 과학기술이 스스로 해결해 나갈 수 있으리라고 막연히 믿는 거지요.

과연 그럴까요? 결론부터 말하면 이런 생각에는 별다른 근거가 없습니다. 상식적으로 생각해도, 문제를 일으킨 주체가 그 문제를 해결하기를 기대하기는 어려운 법이잖아요? 앞에서 살펴봤듯이, 오늘날 과학기술은 문제를 해결하는 것보다 더 빠른 속도와 더 큰 규모로 새로운 문제들을 만들어 내고 있습니다.

그래서입니다. 과학기술을 제 홀로 질주하도록 내버려 둘 게 아니라 다른 가치와 서로 연결 짓고 결합할 줄 알아야 합니다. 곧, 과학기술을 다른 관점에서도 바라볼 줄 알아야 하고, 과학기술과 연관된 다양한 맥락과 관계들을 복합적으로 이해할 줄 알아야 한다는 얘기지요. 여기서 꼭 필요한 게 사회적·윤리적·인간적·생태적 가치 같은 것들입니다. 그렇습니다. 핵심은 인간, 자연, 사회의 전체 맥락과 흐름 속에서 과학기술을 이해하는 것입니다.

인간의 삶을 존중하는 과학기술. 자연에 대해 책임을 지는 과학기술. 사회적·윤리적인 요청을 받아들이는 과학기술. 이런 과학기술이야말로 사람을 비롯한 뭇 생명의 자유와 행복을 드높이고 이 지구 공동체의 평화와 안녕을 이루는 데 이바지할 수 있습니다. 이른바 '인간의 얼굴을 한 과학기술'이 바로 이것이지요.

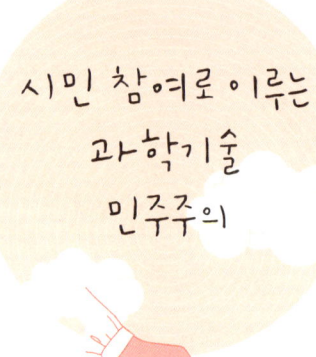

시민 참여로 이루는 과학기술 민주주의

　21세기 현대 사회는 엄청나게 거대하고 복잡합니다. 어떤 일이든 수많은 요인과 변수가 뒤얽혀 있지요. 과학기술은 더욱 그러합니다. 이런 상황에서는 과학기술자들이 모든 문제를 해결할 수 없습니다. 또한 특정 분야 전문가라고 해서 그 분야의 어떤 일에 대해 전적으로 올바른 판단을 내릴 수 있는 것도 아니고요. 더구나 오늘날 과학기술이 미치는 영향은 사회 전체로 퍼져 나가기 마련이고, 수많은 사람의 이해관계와 뒤엉킬 때도 적지 않습니다. 그래서 과학기술이 일으키는 문제를 해결하려면 민주적 절차에 따른 사회적 합의가 필요합니다. 무턱대고 과학기술의 힘에 기대거나 무작정 전문가들의 의견을 따르는 것은 현명한 일이 아니지요.

그런데 현실은 다릅니다. 과학기술은 몹시 어렵고 전문적이어서 전문가들만이 올바른 의사 결정을 내릴 수 있고 또 그래야 한다고 여기는 생각이 널리 퍼져 있지요. 그래서 수많은 보통 사람과 연관돼 있고 사회 전체에 큰 영향을 끼치는 사안마저도 시민들 의견은 배제한 채 극소수 전문가나 정부 관료가 저희끼리만 모여 어떤 결정을 내릴 때가 많습니다. 이는 잘못입니다. 이제 과학기술에도 일반 시민의 참여를 핵심으로 하는 민주주의가 절실히 요구됩니다. 방금 얘기한 '인간의 얼굴을 한 과학기술'을 일구어 나가는 데서도 이는 필수적인 조건이지요.

예를 들어, 원자력발전소를 어디에 짓는지를 결정해야 할 경우를 가정해 볼까요? 이 중대한 일을 정부나 극소수 전문가가 자기들 마음대로 결정해서는 큰 문제를 일으킬 수밖에 없습니다. 원자력발전소는 사회 전체의 에너지 시스템과 안전뿐만 아니라 들어서는 곳의 지역 주민과 환경에도 엄청난 영향을 미치니까요. 그래서 이런 경우는 정부의 정책 담당자와 전문가는 물론 지역 주민과 시민단체 등을 비롯해 모든 관련 당사자가 의사 결정 과정에 참여해야 합니다. 관련된 모든 정보와 자료를 투명하게 공개하고 서로 활발한 논의와 토론을 거쳐 민주적으로 결정을 내려야 한다는 얘기지요.

원자력발전소

　이것이 과학기술에서 꽃피워야 할 민주주의와 정의입니다. 과학기술과 관련한 의사 결정에서 소수 전문가가 권력을 독점하는 것은 바람직하지 않습니다. 과학기술에서 민주주의가 이루어져야 과학기술이 안고 있는 위험을 줄일 수 있고, 과학기술이 일으키는 논란과 갈등을 지혜롭게 조정할 수 있습니다. 또 그래야 과학기술이 선사하는 혜택을 사회 구성원 전체가 골고루 누릴 수 있습니다.
　물론 반대 의견도 충분히 있을 수 있습니다. 대개 일반 시민은 과학기술에 대한 전문 지식이 부족하다고 여겨지니까요. 하지만 이는 나무만 보고 숲은 보지 못하는 것이라고 할 수 있습니다. 전문가의 지식은 완벽할까요? 어쩌면 전문가의 지식이야말로 특정 분야에 한정된 책을 통해서나 실험실에서만 익힌 편협하고 배타적인 것이라고 한다면 지나친 말일까요?

일반 시민은 '무식'하지 않습니다. 사람들은 자기 삶과 자기가 하는 일에서 경험과 통찰 등을 통해 끊임없이 스스로 배우고 익힙니다. 그만큼 일반 시민의 지식은 구체적이고 현실에 걸맞고 생생합니다. 그래서 어떤 문제를 해결하는 데 오히려 더 효과적일 수도 있습니다. 또한, 일반 시민은 대체로 어떤 판단이나 결정에 소중한 구실을 하는 상식에 따른 균형 감각을 터득하고 있습니다. 그러므로 일반 시민의 지식은 '죽은' 지식이 아니라 '살아 있는' 지식이라고 할 수 있습니다. 또 좁은 특정 분야에 갇힌 지식이 아니라 삶과 사회의 넓은 맥락과 서로 소통하는 열린 지식이라고 할 수 있습니다.

특히 특정 지역, 특정 조건이나 환경에서 일어나는 일들의 경우는 그곳의 지역 주민이 훨씬 더 깊고 정확한 지식을 갖추고 있을 때가 많습니다. 해당 지역에서 생업에 종사하며 오랫동안 살아온 농민과 어민 등이 대표적이지요. 땅을 생각해 볼까요? 어느 곳의 땅이 어떤 상태에 놓여 있는지, 어디에 어떤 작물을 심어야 좋은지, 날씨 변화에 어떻게 대처해야 하는지 등은 그곳에서 오랫동안 농사를 지어온 사람들이 가장 잘 압니다. 바다도 마찬가지입니다. 바다의 물길이 언제 어디서 어떻게 흐르는지, 어디가 위험하고 안전한지, 언제 어디서 어떤 물고기가 많이 잡히는지 등은 그곳에서 오랫동안 바다와 함께 살아온 어부들이 가장 잘 압니다.

이처럼 일상생활에서 자연스레 길어 올린 지식과 경험, 오랜 세월에 걸쳐 전통과 문화 속에서 쌓여온 지식과 경험이야말로 어쩌면 진정한 '삶의 지혜'인지도 모릅니다. 교수니 박사니 하면서 전문가라고 불리는 사람들이 이런 지혜를 얼마나 갖추고 있을까요?

사실, 그동안 일반 시민은 그저 정부와 기업, 전문가 등이 결정한 과학기술 정책의 홍보 대상이거나 과학기술이 만들어 낸 산물의 단순한 소비자에 그칠 때가 많았습니다. 과학기술이 보통 사람의 중요한 관심사인 안전, 건강, 생명, 복지, 환경 등을 소중히 여기기보다는 국가 이익과 자본의 돈벌이 논리에 일방적으로 휘둘려 온 것은 그 당연한 결과지요. 현대 과학기술의 이런 속성을 바꾸는 데서도 시민 참여와 민주주의는 큰 구실을 할 수 있습니다.

이런 얘기의 연장선에서 우리는 이른바 '전문가'에 대한 과도한 맹신을 새삼 되짚어 볼 필요가 있습니다. 잘 알다시피 전문가란 특정 분야의 지식이나 기술, 경험 등을 풍부하게 갖춘 사람을 가리킵니다. 하지만 요즘 대부분 전문가는 자기 전공 분야를 깊이 알긴 하지만 그 폭이 좁습니다. 그래서 '전체 틀'과 '큰 흐름'을 읽어 내고 짚어 낼 줄 아는 안목이나 식견은 모자랄 때가 많습니다. 전문가는 또한 자기 분야에서 지배적인 관점이나 논리 같은 것에 길든 탓에 다른 가능성은 잘 모르거나 소홀히 여기기 십상이기도 하고요.

수많은 분야의 다양한 요인과 변수가 복잡하게 얽혀 돌아가는 현대 과학기술 사회에서 이것은 지나치기 어려운 결점이자 약점입니다. 좁은 자기 전공 분야에 국한된 사안에 대해서는 뛰어난 능력을 발휘할지 모르지만, 과학기술이 인간, 자연, 사회 등과 맺고 있는 다채롭고도 복합적인 관계를 제대로 파악하기는 어려울 테니까요. 구체적인 삶과 생활의 현장에서 우러나오는 현실 감각과 균형 잡힌 인식도 떨어질 가능성이 크고요.

한편으로, 과학기술에 대한 시민 참여가 사회 공동체 전체에 유익한 경험이 된다는 점도 기억해 둘 만합니다. 과학기술에 대한 시민 참여가 활발하다는 것은 곧 과학기술을 둘러싼 책임을 사회 전체가 공동으로 진다는 것을 뜻합니다. 이렇게 되면 소수 전문가와 정부 관료들이 권한을 독점할 때보다 올바르고 현명한 결론을 내릴 가능성이 커집니다. 하지만 설사 잘못된 결정을 내리더라도 결과적으로는 그 사회에 도움과 이득이 됩니다. 왜냐고요? 그 사회는 이런 시행착오를 거치면서 과학기술을 더욱 깊이 공부하고 성찰하는 기회를 얻게 되기 때문입니다. 사회 전체의 지식과 통찰력, 문제 해결 능력 등이 높아지게 된다는 얘기지요. 이처럼 과학기술에서 민주주의가 이루어지면 한층 더 성숙한 사회로 나아가는 데에도 도움이 됩니다.

그럼, 시민이 과학기술에 참여하는 방법으로는 어떤 게 있을까요? 사실, 이미 1970년대 초반 무렵부터 유럽과 미국 등지에서는 다양한 시민 참여 방법을 시도해 왔습니다. 그 가운데 가장 널리 알려진 것으로 '합의회의'라는 게 있습니다.

합의회의란 사회 여러 분야의 보통 사람들이 특정한 과학기술 이슈에 대해 관련 전문가들과 토론 등을 거쳐 스스로 자기 의견을 정리한 뒤 그것을 공개 발표함으로써 사회적 여론을 모으고 정책 결정자들에게 참고하도록 하는 모임을 말합니다. 합의회의에는 평범한 시민 누구나 신청해서 참여할 수 있습니다. 대개 나이, 성별, 직업, 교육 수준 등을 두루 고려해 사회 전체 구성원을 최대한 골고루 대변할 수 있도록 구성하지요. 보통 수십 명이 참여하게 됩니다. 주어진 이슈에 대한 자료를 읽고, 전문가와 토론하고, 참여자들끼리 회의를 열고, 발표문을 작성하는 것과 같은 여러 일을 처리하는 일정은 일반적으로 사흘 정도에 걸쳐 진행되고요.

합의회의는 1987년 덴마크에서 처음 열렸는데, 1990년대 이후에

는 네덜란드, 노르웨이, 미국, 스위스, 오스트리아, 일본, 프랑스, 캐나다 등 세계 곳곳으로 퍼졌습니다. 우리나라에서도 그동안 시민 단체 주도로 4차례 합의회의가 열렸습니다. 다룬 주제는 유전자 조작 식품(GMO), 생명 복제, 원자력발전, 동물 장기 이식 문제 등이었지요. 덴마크에서는 의회가 합의회의에서 일반 시민들이 내린 결론을 받아들여 원자력발전을 포기하는 결정을 내리기도 했습니다. 과학기술에 대한 시민 참여가 세상을 바꾸는 중요한 구실을 한 셈이지요. 합의회의 외에도 과학기술에 대한 시민 참여는 세계 곳곳에서 다양한 형태와 방식으로 이루어지고 있습니다.

그렇습니다. 과학기술은 전문가만의 것이 아닙니다. 정부와 기업의 것도 아닙니다. 우리 모두의 것, 사회적인 것, 공적인 것입니다. 과학기술이 발전해온 과정을 보아도 그러하고, 과학기술이 미치는 막강하고도 광범한 영향력을 보더라도 그러합니다. 모든 시민이 과학기술에 깊은 관심을 가지고 과학기술과 관련된 정책이나 의사 결정 과정에 더 적극적으로 참여해야 할 까닭이 여기에 있습니다.

과학기술의 사회적 책임

 이제 이 책도 막바지에 이르고 있습니다. 마지막으로 한 가지 질문을 던져 볼까요? '과학기술은 중립적인가?'라는 물음이 그것입니다. '중립'이란 어떤 가치관이나 태도에도 치우치지 않는 것을 말하지요. 과학기술은 과연 그럴까요? 아마 이 책을 여기까지 읽었다면 자연스레 알게 되었을 것입니다. 과학기술은 그렇지 않다는 걸 말입니다.

 한 가지 보기를 들겠습니다. 잘 알다시피 노벨상을 만든 사람은 다이너마이트를 처음 발명한 스웨덴 과학자 알프레드 노벨입니다. 그의 이름을 따 노벨상이라는 이름이 붙었지요. 그는 산을 깎고 터

널을 뚫는 것과 같은 여러 가지 유용한 일을 하는 데 필요한 안전하고도 강력한 다이너마이트를 발명했습니다. 하지만 다이너마이트는 전쟁터에서도 쓰였습니다. 수많은 사람을 손쉽게 죽이는 무시무시한 살상 무기로 변해 버린 거지요.

그 바람에 노벨은 '죽음의 상인'이라 불리게 되었습니다. 그는 깊은 죄책감에 빠지지 않을 수 없었습니다. 자신의 발명품이 자기 뜻

과는 관계없이 결과적으로 몹시 나쁜 일에 쓰이게 됐으니까요. 고민 끝에 그는 다이너마이트를 팔아 모은 모든 재산을 쏟아 부어 노벨상 재단을 세웠습니다. 자기의 과학기술 발명품이 낳은 비극적 결과에 대해 책임을 지려 한 거지요. 요컨대, 다이너마이트는 결코 중립적이지 않았습니다.

원자폭탄 개발 책임자였던 오펜하이머가 "나는 세계의 파괴자이자 죽음의 신이 되었다."고 고백했다는 얘기는 앞에서도 했습니다. 원자폭탄 개발에 참여한 어느 다른 과학자는 원자폭탄이 폭발하는 장면을 지켜본 뒤 "우리는 모두 개자식"이라며 자조했다고 합니다. 원자력발전소가 처음 가동될 때에도 어느 과학자가 이렇게 말했다지요. "오늘은 인류 역사에서 어둠의 날로 기억될 것이다." 과학기술의 사회적 책임은 이렇듯 무겁습니다. 핵무기는 중립적이지 않습니다. 과학기술 또한 중립적이지 않습니다.

아마도 20세기의 가장 위대한 과학자를 꼽는다면 알베르트 아인슈타인을 빼놓기 어려울 것입니다. 현대 물리학의 기틀을 마련한 사람이니까요. 하지만 그는 과학기술 시대에 과학기술자가 어떤 구실을 해야 하는지, 과학기술의 사회적 책임이 어떠해야 하는지를 진지하게 고민하고 실천했다는 점에서 더욱 위대하다고 할 수 있습니다. 그는 원자폭탄 같은 핵무기가 인류를 파멸의 구렁텅이로 빠뜨릴 수밖에 없다는 신념 아래 핵무기 반대 운동에 열심히 참여했습니다. 그러면서 이전에 미국 대통령에게 '원자폭탄을 만들어야 한다.'는 편지를 보낸 일을 두고 '커다란 실수'를 저질렀다며 두고두고 후회했다지요.

아인슈타인은 "한 과학자가 얼마나 위대한지는 그에게서 과학을 빼놓았을 때 남은 것에 달려 있다."라고 말했습니다. 20세기의 가장 위대한 과학자가 절실히 느꼈던 사회적 책임은 과학자나 전문가 입장에서 비롯한 것이 아니었습니다. '한 사회와 인류의 구성원으로서 마땅히 해야 할 일과 하지 말아야 할 일이 무엇인가?'라는, 아주 평범하면서도 보편적인 질문에 대한 깊은 고뇌와 성찰에서 그의 사회적 책임은 시작되었습니다.

그렇습니다. 과학기술의 영향력이 갈수록 커지고 있는 오늘날, 더구나 그에 따른 갖가지 위험과 위기가 급속히 높아 가는 현실에서, 과학기술의 사회적 책임을 강조하는 것은 아주 중요한 일입니다. 과학기술자들 또한 자기가 하는 연구와 그 결과를 사회적 책임이라는 맥락과 연결할 줄 알아야 합니다. 평화를 파괴하고 자연과 생명을 학대하는 활동을 벌이면서도 그저 막연하게 '나중에는 모든 게 좋아질 거야.'라는 식의 어설픈 자기 합리화의 함정에도 빠지지 말아야 합니다. 과학기술이든 과학기술자든 애국심, 국가의 명예,

경제성장, 국제 경쟁력 강화 따위의 그럴듯한 명분에 휘둘리거나 현혹되지 말아야 합니다.

이제 과학기술의 방향 전환이 필요합니다. 과학기술자들의 각성 또한 절실히 요구됩니다. 사회적 책임을 다하는 새로운 과학기술과 과학기술자로의 거듭남, 이것이 21세기 현대 과학기술 사회가 가야 할 길입니다.

대안의 기술, 적정기술

오늘날 세계 곳곳에서는 현대 과학기술을 성찰하면서 새로운 대안을 실험하는 움직임이 활발하게 펼쳐지고 있다. 그 가운데 대표적으로 '적정기술'이란 게 있다. 이것은 그 기술이 사용되는 곳의 구체적인 지역 환경과 조건에 알맞은 기술, 그 기술을 생산하고 사용하는 과정에서 되도록 자연을 망가뜨리지 않고 자원을 낭비하지 않는 기술, 무엇보다 가난한 사람들의 생활에 실제로 도움을 주고 삶의 질을 높일 수 있는 기술을 말한다. 달리 말하면, 비싸고 특정 기업이나 전문가들이 독점하는 기술이 아니라 누구나 값싸게 사용할 수 있는 민주적이고도 대중적인 기술, 위험과 재앙을 불러일으키는 기술이 아니라 기술을 사용하는 과정에서 삶의 보람과 기쁨을 느낄 수 있는 기술, 돈이 지배하는 기술이 아니라 '인간의 얼굴을 한 기술'인 셈이다. 거대 기술이 아니라 '작은 기술'이기도 하고, 가난하고 소외된 사람을 위한 '착한 기술'이기도 하다. 그러므로 적정기술은 그냥 단순한 기술이 아니라 일종의 철학이자 사회개혁 운동이라고 할 수 있다.

적정기술의 대표적인 보기로는 수질이 나쁜 물을 바로 필터로 정화해 마실 수 있도록 한 '라이프스트로'('생명의 빨대'), 전기 없이도 낮은 온도를 유지할 수 있는 '항아리 냉장고', 지하수를 손쉽게 끌어 올릴 수 있도록 만들어진 수동식 물 공급 펌프 '슈퍼 머니메이커 펌프', 물이 부족해 먼 데서 물을 구해 와야 하

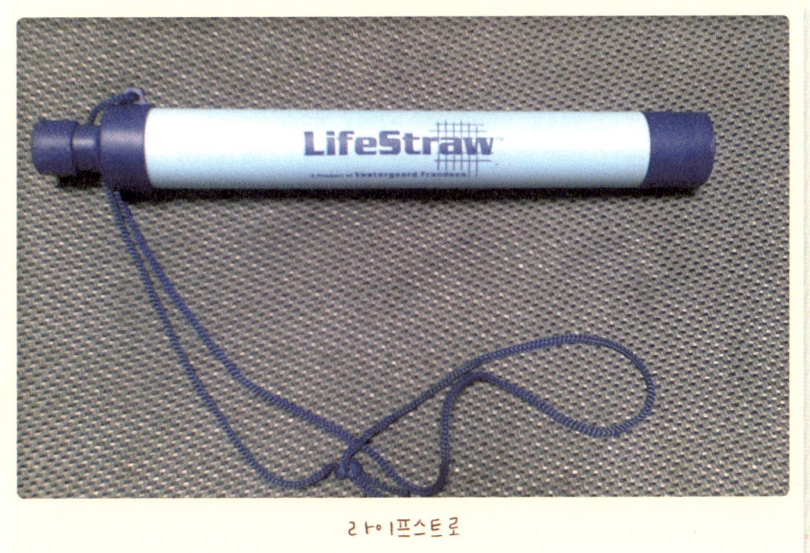
라이프스트로

  는 여성이나 아이들이 더 많은 양의 물을 편리하게 실어 나를 수 있게 만든 굴리는 물통 '큐드럼' 등을 들 수 있다.
    1960년대에 시작된 적정기술은 최근 들어 더욱 큰 관심과 주목을 모으고 있다. 지금 인류가 맞닥뜨리고 있는 여러 도전과 해결해야 할 과제들이 이 기술과 맞물려 있어서다. 전 세계 가난한 사람들의 삶의 질을 높이고 자급의 힘을 키우는 일, 환경 위기를 해결하는 일, 현대 과학기술의 방향을 바로잡는 일, 민주주의와 정의와 평등을 실현하는 일 등이 그런 것들이다. 최근 우리나라에서도 적정기술을 둘러싼 논의와 움직임이 부쩍 활발해지고 있다.

'좋은' 과학기술과 함께 멋진 세상을

　자, 여기까지 책을 읽으니 어떤 생각이 드나요? 혹시 과학기술을 비판하는 얘기에 너무 치우쳤다는 느낌이 들진 않나요? 하지만 책을 세심히 읽었다면 잘 알 수 있을 것입니다. 이 책이 전하고자 하는 메시지가 과학기술을 무작정 반대하고 부정하자는 것이 아니라는 사실을 말입니다.

　중요하고 필요한 것은 정말 제대로 된 '좋은' 과학기술을 만드는 일입니다. 민주주의와 정의의 원칙을 따르는 과학기술, 사회적 책임을 다하는 과학기술, 자연과 생명의 가치를 존중하는 과학기술, 우주와 삶의 신비를 소중히 여기는 과학기술, 인간이 자유와 행복

과 평화를 누리는 데 보탬이 되는 과학기술이 바로 그것이지요.

자연과 우주에 대한 지적 호기심, 이 지구와 세계에 대한 탐구열은 과학기술 발전을 이끌어온 원동력입니다. 더 크게 보면 인류 역사와 문명을 일구어 온 핵심 엔진 가운데 하나라고도 할 수 있지요. 그래서 여러분도 과학기술에 더 큰 관심을 두고 열심히 공부하는 게 좋습니다. 과학기술을 공부한다는 건 인류가 그간 쌓아온 가장 중요한 지식과 지혜를 배우고 익힌다는 걸 뜻합니다. 아울러 과학기술의 영향력이 너무나 크고 다양하기 때문에라도 과학기술을 공부하는 게 필요하지요. 과학기술을 제대로 모르면 세상이 어떻게 돌아가는지 모르게 될 테니까요.

거듭 강조합니다. 과학기술은 국가나 기업의 것도 아니고, 과학자나 특정 전문가 집단만의 것도 아닙니다. 사회와 시민 전체의 것, 곧 우리의 것, 나의 것이지요. 그러므로 이제 우리는 과학기술의 '노예'가 아니라 '주인'이 되어야 합니다. 현대 과학기술의 빛과 그늘을 균형 잡힌 시각으로 냉철하게 직시할 수 있어야 합니다. 그러면서 과학기술이 제공하는 편리와 혜택을 그저 수동적으로 누리기만 하는 단순한 소비자에서 벗어나야 합니다.

현대 과학기술이 가는 길을 주의 깊게 지켜보면서 '좋은' 과학기술을 만드는 일에 동참한다면 우리 모두 과학기술의 어엿한 생산자가 될 수 있습니다. 평범한 일반 시민 모두가 과학기술에 더욱 적극적이고 능동적으로 개입하고 관여해야 합니다. 과학기술을 밝고 건강한 미래로 이끄는 진정한 힘은 바로 이런 우리 모두의 각성과 노력에서 샘솟을 것입니다. '좋은' 과학기술과 더불어 아름답고 멋진 세상을 일구어 나가는 일은 다른 누구도 아닌 바로 나의 손에 달렸습니다.

도움받은 책(가나다 순)

- 《과학기술과 민주주의》(이영희 지음, 문학과지성사 펴냄, 2011)
- 《과학기술과 제국주의》(대니얼 R. 헤드릭 지음, 김우민 옮김, 모티브북 펴냄, 2013)
- 《과학기술로 세상 바로 읽기》(최경희 지음, 북스힐 펴냄, 2011)
- 《과학기술의 사회학》(이영희 지음, 한울아카데미 펴냄, 2007)
- 《과학, 일시정지》(가치를꿈꾸는과학교사모임 지음, 양철북 펴냄, 2009)
- 《국경 없는 과학기술자들》(이경선 지음, 뜨인돌 펴냄, 2013)
- 《기후변화, 돌이킬 수 없는가》(모집 라티프 지음, 오철우 옮김, 길 펴냄, 2010)
- 《둥글둥글 지구촌 환경 이야기》(장성익 지음, 풀빛 펴냄, 2011)
- 《생각하지 않는 사람들》(니콜라스 카 지음, 최지향 옮김, 청림출판 펴냄, 2011)
- 《생명과학의 윤리》(존 브라이언트 지음, 이원봉 옮김, 아카넷 펴냄, 2008)
- 《생명과 환경》(이필렬·조경만 지음, 한국방송통신대학교출판부 펴냄, 2003)
- 《생명윤리 논쟁》(장성익 지음, 풀빛 펴냄, 2014)
- 《생명윤리, 무엇이 쟁점인가》(구인회 지음, 아카넷 펴냄, 2005)
- 《생명윤리의 철학》(구인회 지음, 철학과현실사 펴냄, 2002)
- 《생명윤리 이야기》(권복규 지음, 책세상 펴냄, 2007)
- 《세 바퀴로 가는 과학 자전거》(강양구 지음, 뿌리와이파리 펴냄, 2010)
- 《세상에 대하여 우리가 더 잘 알아야 할 교양: 동물실험, 왜 논란이

- 될까?》(페이션스 코스터 지음, 김기철 옮김, 내인생의책 펴냄, 2012)
- 《세상에 대하여 우리가 더 잘 알아야 할 교양: 맞춤아기, 누구의 권리일까?》(존 블리스 지음, 이현정 옮김, 내인생의책 펴냄, 2013)
- 《세상에 대하여 우리가 더 잘 알아야 할 교양: 안락사, 허용해야 할까?》(케이 스티어만 지음, 장희재 옮김, 내인생의책 펴냄, 2013)
- 《세상에 대하여 우리가 더 잘 알아야 할 교양: 유전공학, 과연 이로울까?》(피트 무어 지음, 서종기 옮김, 내인생의책 펴냄, 2013)
- 《세상에 대하여 우리가 더 잘 알아야 할 교양: 적정기술, 모두를 위해 지속가능해질까?》(섬광 지음, 내인생의책 펴냄, 2013)
- 《세상에 대하여 우리가 더 잘 알아야 할 교양: 줄기세포, 꿈의 치료법일까?》(피트 무어 지음, 김좌준 옮김, 내인생의책 펴냄, 2013)
- 《세상에 대하여 우리가 더 잘 알아야 할 교양: 프라이버시와 감시, 자유냐 안전이냐?》(캐스 센커 지음, 이주만 옮김, 내인생의책 펴냄, 2013)
- 《세상을 바꾼 과학 논쟁》(강윤재 지음, 궁리 펴냄, 2011)
- 《실천윤리학》(피터 싱어 지음, 황경식 외 옮김, 연암서가 펴냄, 2013)
- 《에너지 노예, 그 반란의 시작》(앤드루 니키포룩 지음, 김지현 옮김, 황소자리 펴냄, 2013)
- 《오늘의 지구를 말씀드리겠습니다》(김추령 지음, 양철북 펴냄, 2012)
- 《왜 너희만 먹는 거야?》(장성익 지음, 풀빛미디어 펴냄, 2013)
- 《유리감옥》(니콜라스 카 지음, 이진원 옮김, 한국경제신문사 펴냄, 2014)
- 《유전자 복제와 GMO》(오딜 로베르 지음, 심영섭 옮김, 현실문화 펴냄, 2011)

- 《인간과 과학》(이필렬·이중원 지음, 한국방송통신대학교출판부 펴냄, 2003)
- 《적정기술, 현대문명에 길을 묻다》(김찬중 지음, 허원미디어 펴냄, 2013)
- 《정답을 넘어서는 토론학교 과학》(가치를꿈꾸는과학교사모임 지음, 우리학교 펴냄, 2011)
- 《쥘 베른이 들려주는 미래의 과학기술 이야기》(김충섭 지음, 자음과모음 펴냄, 2012)
- 《진실을 배반한 과학자들》(윌리엄 브로드, 니콜라스 웨이드 외 지음, 김동광 옮김, 미래M&B 펴냄, 2007)
- 《철학, 과학기술에 말을 걸다》(이상헌 지음, 주니어김영사 펴냄, 2014)
- 《하리하라의 과학 24시》(이은희 지음, 비룡소 펴냄, 2013)
- 《환경논쟁》(장성익 지음, 풀빛 펴냄, 2013)
- 《환경에도 정의가 필요해》(장성익 지음, 풀빛 펴냄, 2014)

- 〈한겨레〉, 〈경향신문〉, 〈오마이뉴스〉, 〈프레시안〉 관련 기사들

＊이 책의 주요 독자가 어린이와 청소년임을 고려하여, 책 본문에서는 인용하거나 도움을 받은 자료의 출처를 일일이 명기하지 않은 대목이 있음을 밝혀 둡니다.